AF533973

Propagandabomben und Flugblattgranaten über Kiew

Nationalsozialistische Propagandawaffen im Kampf gegen die Rote Armee

Georg Tidl

Propagandabomben und Flugblattgranaten über Kiew

Nationalsozialistische Propagandawaffen im Kampf gegen die Rote Armee

Das Neue Berlin

Vorwort zur zweiten Auflage

2011 beendete ich die wissenschaftliche Arbeit zu diesem Thema. Noch im selben Jahr ging das Manuskript in Druck. Für mich war damals dieses zeitgeschichtliche Thema abgeschlossen und gehörte wie der unvorstellbare Hass der nationalsozialistischen Propaganda der Vergangenheit an. Leider irrte ich mich. Nur drei Jahre später, am 2. Mai 2014 forderte nationalistischer Hass wieder Menschenopfer – in einer Schlacht um das Gewerkschaftshaus in Odessa. 2014 zählte man noch die Opfer. Es waren 42 Menschen. Und genau in dieser Landschaft, die ich Jahre vorher im Frieden mehrere Male genießen durfte und genau an diesem Fluss, wo mein Vater als Soldat des Strafbataillons 999 im Zweiten Weltkrieg dienen musste, fallen, sterben wieder Menschen - unzählbar.
... und um jeden Toten trauert eine Mutter.

Georg Tidl

Inhalt

Die Fischerinsel bei Cherson

20.Juli 2004. Es ist kurz vor Mittag. Zwei kleine Ausflugsboote legen vom Pier von Cherson ab. Es sind Touristen, die vom Kreuzfahrtschiff MS Dnjepr Prinzess umgestiegen sind. Das Dnjepr-Delta kann mit so großen Schiffen nicht befahren werden. Die Ausflugsboote nehmen Fahrt auf. Die Hafenanlagen von Cherson verschwinden rasch hinter den ersten kleinen Inseln. Erfrischungen werden gereicht, Fotoapparate und Kameras gezückt. Der Kampf an der Reling um die besten Plätze für die schönsten Fotos beginnt.

Unüberhörbar die Beschreibung von Route und Landschaft aus dem Lautsprecher: Genießen Sie die für das reizvolle Dnjepr-Delta besonders typische Landschaft. Die Fahrrinnen sind nur sehr schmal. Da sind kleine Bootsanlegestellen. Im Hintergrund sehen Sie idyllische kleine Häuschen. Das Gebiet ist relativ sumpfig und daher ein ideales Rückzugsgebiet für seltene Vögel. Der Blick auf die hinter der Uferböschung liegenden Gärten lässt erahnen, dass es sich hier um ein sehr fruchtbares Terrain handelt, üppige Pracht entfaltet sich in den Gärten, Obstbäume und viele andere Pflanzen bieten reiche Ernte. Händler, Maler und Obstverkäufer warten bereits auf der kleinen Fischerinsel auf Sie und natürlich werden Sie auch von einer Fischerfamilie zu einem kleinen ukrainischen Picknick eingeladen, damit sie ihre Gastfreundschaft unter Beweis stellen können.

Die Händler, Maler und Obstverkäufer markieren schon von weitem den Anlegeplatz. Man kann sich entscheiden zwischen Pelzmützen, Stickereien, Schnitzereien, Feldfrüchten – immer geplagt von der Frage, und was mach ich dann damit. Die Fischerfamilie, der mein Boot zugeteilt ist, gibt sich alle Mühe – in Tracht, nach Generationen schön aufgestellt und bereit zu jedem Foto. Das Betreten der privaten Räumlichkeiten ist mir mehr als peinlich, aber das Argument, die Leute leben davon, überzeugt mich. Es ist Hochsommer und mich fröstelt – im Haus. Es ist feucht bis zum Dachfirst – alle anderen Gebäude übrigens auch. Aber der Guide hat ja gesagt: das Gebiet ist sumpfig. Mein Vater war hier in der Nähe im Krieg, Strafbataillon 999. Diese armen Schweine müssen gefroren haben. Noch schlechtere Ausrüstung als der normale deutsche Landser. 20.Juli. Jetzt fällt es mir wieder ein: Jahrestag. Attentat auf Hitler – vor 60 Jahren.

Cherson war im Dezember 1943 Hauptkampflinie: die erstreckte sich damals den Dnjepr entlang vom Schwarzen Meer bis weit über Kiew hinaus. Das steile und hohe westliche Ufer des Dnjepr bot sich den deutschen Truppen als ideale natürliche Verteidigungslinie an. Bis hierher wollte man die Rote Armee kommen lassen, aber keinen Schritt weiter. Am östlichen Ufer des Dnjepr wurden daher von der Wehrmacht Brückenköpfe gebildet. Die Stadt Cherson bildete einen dieser Brückenköpfe. Am 3.November 1943 fühlte die Rote Armee langsam gegen diesen Brückenkopf vor. Bis zum 17.Dezember konnte sich die Deutsche Armee im Cherson-Brückenkopf halten. Am 18.Dezember zog sie sich ans Westufer zurück und sprengte die Dnjepr-Brücke. Auch alle anderen Brückenköpfe gegen verloren, die Rote Armee überwand den Dnjepr und warf die Deutsche Armee aus ihren Stellungen am westlichen Ufer. Die Kämpfe waren erbittert, die Verluste hoch. Aber am 5.März 1944 begann die große russische Offensive zur Rückeroberung der Ukraine.

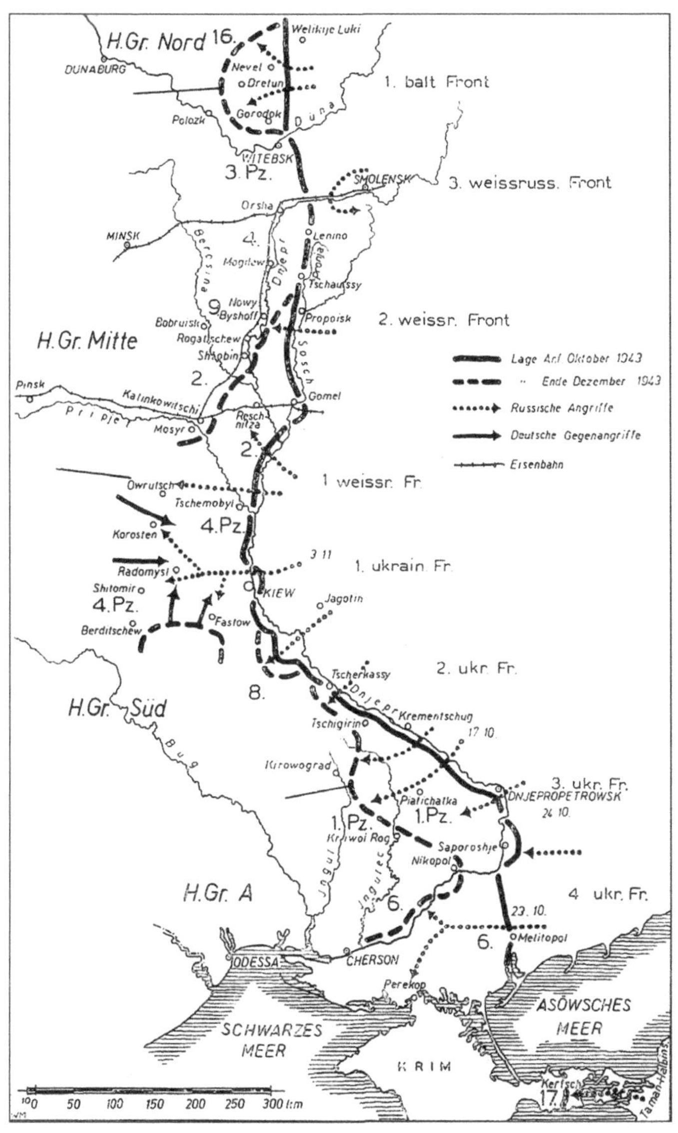

STRATEGISCHE LAGE WINTER 1943

Unter großen Lauben sind Tische gedeckt. Speisen aus der Region und auch dieser herrliche weiße Speck. Speck faschiert, mit Knoblauchstücken vermischt und wieder zu Speckstücken geformt. Seit Tagen bekämpfe ich Magenschmerzen vom Wodka mit Wodka. Das muss hier so sein, sagen die anderen und haben auch Magenschmerzen. Der Besuch geht zu Ende. Verabschiedung. Trinkgeld. Rasch zurück zu den Schiffen, die warten schon. Am Ufer wieder die Händler, Maler und Obstverkäufer. Ein junger Mann ist dazu gekommen. Er hat eine kleine Kanonenkugel, drei Fotografien von Rotarmisten aus dem 2.Weltkrieg und eine Ringmappe. Die erste Seite ist aus Pappendeckel, drauf steht: Die agitations Flugblätter heraus gelassen aus den Artillerien Geschosses. Der Große Vaterländische Kried.

Jeden Preis hätte ich dafür gezahlt für die 35 Flugblätter, zumindest alles, was ich grad mithatte. Deutsch spricht der junge Mann nicht, ein bisschen englisch. Mein Schiff hupt zum ersten Mal. Ich bin wieder der letzte, der an Bord geht. Der junge Mann hat bis vor kurzem in einem kleinen Museum gearbeitet. Eine Kommission aus Kiew ist gekommen und hat die wichtigsten Objekte in die Hauptstadt mitgenommen. Den Rest durften sich die Museumsangestellten behalten, als Entschädigung, weil sie schon lange keinen Lohn mehr bekommen haben. Das Schiff hupt schon wieder. Er hat sich die Mappe genommen, weil es ihn selber interessiert – die Zeit. Nein, mehr hatte er nicht, es ist die ganze Sammlung und nein, er hat noch nichts davon verkauft. Ja, und die Blätter sind sicher alle aus Cherson und Umgebung. Das andere Schiff ist schon vorausgefahren, meines hat schon die Leinen los. Ein gewagter Sprung vom hölzernen Steg. Hätten mich die tatsächlich zurückgelassen? Am Ufer zählt der Mann das Geld, dann winkte er.

Klaus Kirchner ist Zeithistoriker in Deutschland, er hat es sich zur Lebensaufgabe gemacht, alle Flugblätter des zweiten Weltkrieges zu dokumentieren. Dieses Werk umfasst, wenn es fertig ist, über 20 Bände, in denen die Kriegsflugblätter nach Herkunftsländern sortiert, zusammengefasst sind. Den Band 10 habe ich mir sofort besorgt: »Flugblätter aus Deutschland 1941«. Ich hab meine Flugblätter gesucht, aber nicht gefunden. Es sind keine Fälschungen, das war bald klar, denn sie entsprechen allen Kriterien – die nach Klaus Kirchner solche Flugblätter haben müssen – und das berühmte und häufigste Deutsche Flugblattaus dieser Zeit, das mit der Bezeichnung 150 RA ist auch in der Sammlung aus Cherson vorhanden. Aber der Rest fehlt. Die Erklärung dafür gibt Kirchner unter der Überschrift: Heute noch erhaltene Exemplare:

»Die für feindliche Soldaten bestimmten Kriegsflugblätter waren deutschen Bürgern und Soldaten nicht zugänglich. Auch die Tatsache, dass von Deutschland Flugblattverbreitung praktiziert wurde, fand in der zensierten nationalsozialistischen Presse nur in Einzelfällen Erwähnung. ... Wie sorgfältig die Geheimhaltungsmaßnahmen waren, zeigt beispielhaft die Einleitung eines kriegsgerichtlichen Verfahrens. Dabei sollte geklärt werden, ob am 17.9.1941 die Verbreitung von Kriegsflugblättern mit dem Codezeichen 150 RA in den Straßen Berlins vorsätzlich erfolgt war ...«: Ein Flugblattbündel war von einem LKW auf die Straße gefallen.

Auch »... die kommunistischen Staaten verweigerten die Akteneinsicht, die dort verwahrten Bestände sind daher nicht berücksichtigt ... Bis heute blieben aus der Flut von über 500 Millionen Kriegsflugblättern des Jahres 1941 etwa 1000 in öffentlichem und privatem Besitz erhalten.«[1]

Wobei noch zu ergänzen wäre, viele der Flugblätter aus Cherson haben gar kein Codezeichen, weil sie gar nicht zentral hergestellt wurden, sondern von den Propaganda-Kompanien der Deutschen Wehrmacht knapp hinter der Deutschen Front und diese Propaganda-Kompanien hatten beim Rückzug andere Sorgen, als die Belegexemplare ihrer Flugblätter zurück in die Heimat zu bringen.

Nach den ersten Recherchen war also klar, auf der Fischerinsel habe ich einen kleinen historischen Schatz gehoben, der es wert ist, ihn in seiner repräsentativen Gesamtheit darzustellen.

Kriegsflugblätter – Aufforderungen zum Feind überzulaufen

In der Nacht zum 27.Juni 1941 zwischen Tscherwonoarmeisk und Baranje beim sechsten Angriff der deutschen Messerschmitt verlor Generalleutnant Nikolai Kirillowitsch Popjel seinen Panzer, einen T34. Popjel, Politstellvertreter des 8. mechanisierten Korps, flüchtete in die ukrainischen Wälder, sammelte im Hinterland versprengte Rotarmisten, begann einen Partisanenkrieg gegen die Deutsche Wehrmacht, bevor ihm ein Durchbruch zurück zur Roten Armee gelang. Aber selbst in den undurchdringlichen menschenleeren Weiten der ukrainischen Wälder erreichte ihn und seine Kameraden die Propaganda der deutschen Wehrmacht:

»Fast täglich gingen deutsche Flugblätter durch unsere Hände. Einige waren nur für unsere Abteilung bestimmt, andere wandten sich überhaupt an alle, die abgeschnitten waren. Manche Flugblätter hatte ein zufälliger Wind von weit her zu uns gebracht, andere wieder bedeckten Wege und Waldsäume wie ein weißer Teppich. Eines Tages brachte man mir ein Flugblatt, von dem schmalzig eine Frau mit schmalen schwarzen Brauen und einer Brust von erschütternden Ausmaßen lächelte. Die Gute sollte wahrscheinlich als Ukrainerin gelten, da sie eine reich bestickte Bluse trug. Unter der Fotografie stand folgendes ›Gedicht‹:

Endlich zu Hause, o wie nett
Liegt sich's mit der Frau im Bett.

Auf der Rückseite war in Deutsch »Passierschein« aufgedruckt. Das Ganze sollte dem als Ausweis dienen, der sich freiwillig in einer beliebigen Kommandantur oder einem Gefangenenlager melden wollte.

Die kümmerliche Phantasie und Argumentation dieses Machwerks konnte niemanden beeindrucken. Die Faschisten entlarvten sich damit nur selbst und zeigten, was sie von unseren Menschen hielten. Sie schrieben, dass der Gefangene genügend zu ›saufen‹ bekommen würde und es ihm nicht an Tabak mangeln werde. Sie waren davon überzeugt, dass sich auf so einen Antrag hin, wenn nicht alle, so doch wenigstens die Hälfte der Rotarmisten ergeben würde. Die faschistischen Propagandisten glaubten niedrige Instinkte wecken zu können. Menschen, die Puschkin, Nekrassow, Tjutschew, Block und Majakowski gelesen hatten, wollten sie durch das ›Bett‹ für sich begeistern.«[2]

Die deutschen Generäle hatten sich gründlich auf die Operation Barbarossa vorbereitet und nicht nur gegnerische Aufmarschpläne, Truppenstärken und strategische Ziele analysiert. Auch die Nazi-Propaganda hatte sich ideologisch eingearbeitet.

Generalleutnant Popjel hat das »Merkblatt über Eigenarten der russischen Kriegführung« gedruckt von der Reichsdruckerei, Berlin 1941, sicher nie gesehen, aber er hatte erkannt, welches Bild die deutsche Propaganda vom russischen Soldaten kolportierte und immer wieder auf den Flugblättern darstellte. In dem Merkblatt heißt es:

»Entsprechend dem russischen Volkscharakter herrscht überall Schwerfälligkeit, Hang zum Schematismus sowie Verantwortungsscheu und Entschlusslosigkeit. Nur ganz wenige Führer werden hier eine Ausnahme bilden und sich von der Abhängigkeit von den Vorschriften frei machen. Die Schwerfälligkeit wird oft zur Stumpfheit, die größte Strapazen, ja sogar Waffenverluste ohne Bedenken erträgt. Wird die gesamte erste Angriffswelle vernichtet, so tritt die 2. Und 3. ohne weiteres – teilweise durch eigenes Feuer vorwärts getrieben – an ihre Stelle.[3] Die einzige

Heldentat die man »dem Russen« gerade noch zubilligte, war die Verteidigung seiner Heimat: »... Im Kampf um die Heimat wird ihn jedoch die Idee der »Verteidigung des proletarischen Vaterlandes« in gewissem Umfang erfüllen. Alles in allem ist der Russe in der Verteidigung besser als im Angriff. Er ist in der Verteidigung zäh und tapfer und lässt sich meist an der Stelle, an der er durch den Befehl seines Führers gestellt ist, totschlagen ...«[3]

Diese ›schwerfälligen, stumpfen‹ einfachen Rotarmisten waren die vordringlichste Zielgruppe der deutschen Kriegspropaganda im Osten. Sie sollten durch die deutschen Kriegsflugblätter zum Überlaufen veranlasst werden und damit die Kampfkraft der Roten Armee vermindern.

Durch Überläufer wurde die Mannstärke des Gegners reduziert. Brachte er Waffen mit, dann schwächte das auch die Feuerkraft des Gegners und unter Umständen stärkte es die eigene. Überläufer sollten vorher noch möglichst viele eigene Kameraden töten – auch das schwächte die Kampfkraft des Gegners. Überläufer konnten aber auch Informationen oder Gefangene, die Informationen besaßen, mitbringen. Informationen, die sonst nur durch aufwändige und gefährliche Spähtrupp-Einsätze beschafft werden konnten. Schwächung der Kampfkraft des Gegners war auch durch Demotivation zu erreichen. Wer nur halbherzig oder gar nicht kämpft und die einkalkulierte Leistung der eigenen Führung nicht erbringt, kann in Extremsituationen einen vielfachen Schaden der ausgefallenen Einzelleistung verursachen und damit dem Gegner helfen. Auch Sabotage an der Front durch Zerstörung und Beschädigung von Material und Waffen vor dem Überlaufen bedeutete eine Schwächung des Gegners.

Die Aufforderungen überzulaufen, sich in deutsche Gefangenschaft zu begeben oder sogar die Fronten zu wechseln und gegen die ehemaligen Kameraden zu kämpfen, richteten sich auch an die Offiziere der Roten Armee und sogar an die Partisanen. Die Politkommissare waren zu Beginn des Krieges von diesen Aufforderungen ausgenommen. Zwischen Soldaten und Offizieren einerseits und den Politarbeitern und Kommissaren andererseits zog die Nazi-Propaganda einen dicken Strich: Denn die Politarbeiter galten als die führenden Vertreter der kommunistischen Partei an der Front. Die Bolschewisten aber mussten vernichtet werden – das sahen die Nazis – neben der Vernichtung der Juden – als ihr vordringlichstes Ziel im Kampf gegen die Sowjetunion.

Hitler hatte – auch schon vor Beginn der Operation Barbarossa – bei Ergreifung von Kommissaren ihre sofortige Liquidierung befohlen.

Die »Richtlinien für die Behandlung politischer Kommissare« erlassen vom Chef des Oberkommandos der Wehrmacht am 6. Juni 1941, erging schriftlich an die Oberbefehlshaber der Armeen bzw. an die Luftflottenchefs. Die Bekanntgabe an die Befehlshaber und Kommandeure hatte mündlich zu erfolgen; mündlich deshalb, bedeuteten diese Richtlinien doch eine schwere Verletzung des Völkerrechts:

»Im Kampf gegen den Bolschewismus ist mit einem Verhalten des Feindes nach den Grundsätzen der Menschlichkeit oder des Völkerrechts nicht zu rechnen. Insbesondere ist von den poltischen Kommissaren aller Art als den eigentlichen Trägern des Widerstandes eine hasserfüllte, grausame und unmenschliche Behandlung unserer Gefangenen zu erwarten.

Die Truppe muss sich bewusst sein:

In diesem Kampf ist Schonung und völkerrechtliche Rücksichtnahme diesen Elementen gegenüber falsch. Sie sind eine Gefahr für die eigene Sicherheit und die schnelle Befriedung der eroberten Gebiete.

Die Urheber barbarisch asiatischer Kampfmethoden sind die politischen Kommissare. Gegen diese muss daher sofort und ohne Weiteres mit aller Schärfe vorgegangen werden.

Sie sind daher, wenn im Kampf oder Widerstand ergriffen, grundsätzlich sofort mit der Waffe zu erledigen …«

Die Begründung der Annahme, die Rote Armee würde sich nicht an das Völkerrecht halten und die politischen Kommissare werden hasserfüllt, grausam und unmenschlich die gefangenen deutschen Soldaten behandeln, fehlt in dieser Richtlinie. Bevor noch der Krieg begonnen hatte, betrieben die Nazi-Generäle Kriegspropaganda der übelsten Sorte: Vorverurteilung der Gegner – offensichtlich um die eigenen Verbrechen schon im Voraus zu entschuldigen.

Und in diesem Ton geht es weiter:

»… Politische Kommissare als Organe der feindlichen Truppe sind kenntlich an besonderem Abzeichen – roter Stern mit goldenem eingewebtem Hammer und Sichel auf den Ärmeln … Sie sind aus den Kriegsgefangenen sofort, d.h. noch auf dem Gefechtsfelde, abzusondern. Dies ist notwendig, um ihnen jede Einflussmöglichkeit auf die gefangenen Soldaten zu nehmen. Die Kommissare werden nicht als Soldaten anerkannt; der für Kriegsgefangene völkerrechtlich geltende Schutz findet auf sie keine Anwendung. Sie sind nach durchgeführter Absonderung zu erledigen …«[4]

Die Richtlinien differenzieren noch zwischen politischen Kommissaren, die sich keiner feindlichen Haltungen schuldig gemacht haben und solchen die in rückwärtigen Heeresgebieten aufgegriffen werden, doch für die Beurteilung der Nazi-Propaganda und ihrem realen, brutalen Vollzug ist diese Differenzierung kaum von Bedeutung. Sehr wohl aber muss darauf hingewiesen werden, dass in fast allen Kriegsflugblättern – vor allem auch in der vorliegenden Sammlung aus Cherson – die »politischen Kommissare« als Juden dargestellt sind und zwar in einem Ausmaß, dass diese beiden Begriffe letztendlich zu einem verschmelzen. Demnach gilt für die Nazi-Propaganda: jeder Kommissar ist Jude. Selbst als von deutschen Nachrichtenoffizieren gemeldet wurde, dass sich im Zuge von Gefangenenverhören herausgestellt hat, dass die wenigsten politischen Kommissare Juden wären, hielt die Propaganda an ihrem Prinzip fest. Vielleicht weil es nationalsozialistisches Ziel war, beide Menschengruppen zu vernichten: die Kommissare aus ideologischen Gründen, die Juden aus rassistischen.

Adolf Hitler, die nationalsozialistische Kriegspropaganda und ihre hierarchische Struktur: vom Propaganda Ministerium zur Propaganda-Kompanie

Erfahrungen mit Kriegsflugblättern waren bereits während des Ersten Weltkrieges gesammelt worden. Propaganda und Gegenpropaganda im Krieg war auch keine neue Erfindung der kriegführenden Mächte des Ersten Weltkrieges. Aber mit dem Einsatz von Flugzeugen und Ballonen erschlossen sich neue Dimensionen. Während Frankreich und Großbritannien bereits 1917 Kriegsflugblätter in hohen Auflagen abwarfen, entschlossen sich die Deutschen erst kurz vor Kriegsende für den massenweisen Flugblattabwurf: Man billigte offensichtlich Kanonen und Geschützen eine deutlichere Sprache zu als geschriebenen Wörtern.

Adolf Hitler, Kriegsteilnehmer des Ersten Weltkrieges, kannte die Propaganda Deutschlands und seiner Gegner aus eigener Erfahrung und er widmete ein eigenes, das sechste Kapitel von »Mein Kampf« der »Kriegspropaganda«. An und für sich schon ein früher Beweis dafür, welche Bedeutung Hitler in einem neuen Krieg dieser Propaganda zuweisen werde: Kriegspropaganda »... ist nur eine Waffe, wenn auch eine wahrhaft fürchterliche in der Hand des Kenners.«[5]

Zunächst schildert Hitler seine persönlichen Erinnerungen und Gedanken zur Propaganda im Ersten Weltkrieg: »Zu welchen ungeheuren Ergebnissen aber eine richtig angewendete Propaganda zu führen vermag, konnte man erst während des Krieges ersehen. Leider war jedoch hier wieder alles auf der anderen Seite zu studieren, denn die Tätigkeit auf unserer Seite blieb ja in dieser Beziehung mehr als bescheiden. Allein, gerade das so vollständige Versagen der gesamten Aufklärung auf deutscher Seite ... wurde bei mir der Anlass, mich nun doch viel eindringlicher mit der Propagandafrage zu beschäftigen.«[6]

Und er erkannte eine seiner Meinung nach gelungene Methode der West-Alliierten:

»Demgegenüber war die Kriegspropaganda der Engländer und Amerikaner psychologisch richtig. Indem sie dem eigenen Volke den Deutschen als Barbaren und Hunnen vorstellte, bereitete sie den einzelnen Soldaten schon auf die Schrecken des Krieges vor und half so mit, ihn vor Enttäuschungen zu bewahren. Die entsetzlichste Waffe, die nun gegen ihn zur Anwendung kam, erschien ihm nur mehr als die Bestätigung seiner schon gewordenen Aufklärung und stärkte ebenso den Glauben an die Richtigkeit der Behauptungen seiner Regierung, wie sie andererseits Wut und Hass gegen den verruchten Feind steigerte.« [7]

Offensichtlich versuchte Adolf Hitler aus solchen persönlichen Erfahrungen heraus, Regeln für eine effektivere nationalsozialistischer Kriegspropaganda aufzustellen:

Als erstes beantwortet er die rhetorische Frage: »Ist die Propaganda Mittel zum Zweck?«[8], mit eindeutiger Zielvorstellung: »Die Propaganda war im Kriege ein Mittel zum Zweck, dieser aber war der Kampf um das Dasein des deutschen Volkes ...«[9].

»Die zweite Frage von geradezu ausschlaggebender Bedeutung war folgende: An wen hat sich die Propaganda zu wenden? An die wissenschaftliche Intelligenz oder an die weniger gebildete Masse? Sie hat sich ewig nur an die Massen zu richten! Für die Intelligenz, oder was sich heute leider häufig so nennt, ist nicht Propaganda da, sondern wissenschaftliche Belehrung.«[10] Die Beschränktheit der Massen scheint ein Lieblingsthema Hitlers gewesen zu sein, denn es kommt – auch in »Mein Kampf« immer wieder: »Die Aufnahmefähigkeit der großen Massen ist nur sehr beschränkt, das Verständnis klein, dafür jedoch die Vergesslichkeit groß.«[11]

Der dritte Punkt ist von Hitler nicht mehr explizit als solcher gekennzeichnet, drängt sich aber auf: Das Wecken von Emotionen: »Gerade darin liegt die Kunst der Propaganda, dass sie, die gefühlsmäßige Vorstellungswelt der großen Masse begreifend, in psychologisch richtiger Form den Weg zur Aufmerksamkeit und weiter zum Herzen der breiten Masse findet.«[12]

Diese drei Punkte, umgelegt auf die deutsche Kriegspropaganda gegen die Sowjetunion, bedeuteten:

Erstens: Der Kampf ums Dasein ist der Kampf bis zum Sieg, gleichbedeutend mit Vernichtung der Sowjetunion und Einverleibung ihres Herrschaftsgebietes.

Zweitens: Zielgruppe der Propaganda ist die Masse der schwerfälligen, stumpfen einfachen Rotarmisten – siehe oben.

Drittens: Die Emotionen werden erstens und vor allem durch Antisemitismus und dann durch Gräuelmeldungen geschürt.

Aber auch die anderen Regeln, die Adolf Hitler aufstellt, erfüllt die Nazi-Propaganda: Konzentration auf wenige Punkte, herunter gebrochen auf das geistige Niveau des Dümmsten der Zielgruppe:

»Aus diesen Tatsachen heraus hat sich jede wirkungsvolle Propaganda auf nur sehr wenige Punkte zu beschränken und diese schlagwortartig so lange zu verwerten, bis auch bestimmt der Letzte unter einem solchen Worte das Gewollte sich vorzustellen vermag. Sowie man diesen Grundsatz opfert und vielseitig werden will, wird man die Wirkung zum Zerflattern bringen, da die Menge den gebotenen Stoff weder zu verdauen noch zu behalten vermag …«[12] Und »Jede Propaganda hat volkstümlich zu sein und ihr geistiges Niveau einzustellen nach der Aufnahmefähigkeit des Beschränktesten unter denen, an die sie sich zu richten gedenkt. Damit wird ihre rein geistige Höhe um so tiefer zu stellen sein, je größer die zu erfassende Masse der Menschen sein soll ...«[13]

Diese mathematisch klingende Formel, die Hitler aufstellte, je größer die Anzahl der anzusprechenden Menschen umso tiefer das Niveau der Propaganda, kann nicht unkommentiert so stehen bleiben, denn diese Formal galt nicht nur für die Nazi-Propaganda im engeren Sinn sondern auch für die Massenmedien des »Dritten Reiches«. Denn vom tiefsten Niveau der Propaganda zur Falschaussage und Lüge ist es nur mehr ein kleiner Schritt. Und die Lüge wurde von der Nazi-Propaganda in erschreckendem Ausmaß verwendet.

Den Überläufern wurde von der deutschen Propaganda für die Zeit ihrer Gefangenschaft zum Beispiel saubere Kleidung, zufriedenstellendes Essen und menschliche Unterbringung versprochen. Tatsächlich wurden ihnen ihre brauchbaren Kleider weggenommen, ein großer Teil der Rotarmisten erfror in Eis und Schnee und verhungerte im Morast hinter Stacheldraht. Das war in der Deutschen Wehrmacht bekannt auch den Propagandisten, denn das Elend der gefangenen Rotarmisten hinter der Front war unübersehbar und zum Teil gewollt. Trotzdem versuchte die deutsche Propaganda mit immer den gleichen Versprechungen – mit bewussten Lügen, das wäre die richtige Bezeichnung – die gegnerischen Soldaten auf die deutsche Seite zu locken. Die Lüge als Methode der Kriegspropaganda – Adolf Hitler vermeidet zwar das Wort ›Lüge‹ in diesem Zusammenhang, doch er forderte und legitimierte sie – als Mittel zum Zweck: Die deutsche Propaganda hätte im Ersten Weltkrieg die Kriegsschuld den Alliierten zuschieben sollen – trotz besseren Wissens: »Es war grundfalsch, die Schuld am Kriege von dem

Standpunkt aus zu erörtern, dass nicht nur Deutschland allein verantwortlich gemacht werden könnte für den Ausbruch dieser Katastrophe, sondern es wäre richtig gewesen, diese Schuld restlos dem Gegner aufzubürden, selbst wenn dies wirklich nicht so dem wahren Hergange entsprochen hätte, wie es doch nun tatsächlich der Fall war.«[14]

Dass die Kriegspropagandisten den von Hitler aufgestellten Regeln folgten, beweisen auch die Flugblätter aus der Sammlung Cherson, denn auf erschreckend tiefem inhaltlichen Niveau kommen dieselben Aussagen immer wieder und trotzdem verführen die Bilder und Schlagzeilen immer wieder – so abstoßend können sie gar nicht sein, zum Hinschauen und auch zum Lesen.

Am 13.März 1933 verfügte der Reichspräsident Paul Hindenburg – auf Veranlassung Adolf Hitlers – per Erlass die Errichtung eines »Reichsministeriums für Volksaufklärung und Propaganda«. Seine Leitung übertrug er Joseph Goebbels, der bereits seit 1929 Reichsleiter der NSDAP gewesen war. Bei Gründung des Ministeriums bestand es aus den Abteilungen Rundfunk, Presse, Film, Propaganda, Theater und Verwaltung. Mit Kriegsbeginn gewann die Abteilung Propaganda immer mehr an Bedeutung. Ihr war auch das sogenannte »Propaganda Atelier« nachgeordnet, das für die Herstellung und Verbreitung von Kriegsflugblättern zuständig war.

Das Propagandaministerium erarbeitete gemeinsam mit der Abteilung Wehrmachtspropaganda des Oberkommandos der Wehrmacht am 27.September 1938 ein Jahr vor Kriegsausbruch »Grundsätze für die Führung der Propaganda im Kriege«. Dort heißt es unter anderem. »Wirtschafts- und Propagandakrieg beginnen nicht erst mit dem Waffenkrieg. Sie sind als politische Kampfmittel in Friedenszeiten schon als Vorläufer des Waffenkrieges anzusprechen und verstärken mit Beginn des Waffenkrieges ihre Form und Gestaltung zum rücksichtslosen Einsatz. Die Propaganda ist zu einem wesentlichen und planmäßigen anzusetzenden Kampfmittel in der Hand eines Staates erst durch die hohe Fortentwicklung der Technik geworden. Sie kann durch Wort, Bild, Film und Ton unmittelbar auf die Menschen diesseits und jenseits der politischen Grenzen einwirken und die von ihr gewünschte Massenstimmung erzeugen, mag sie nun positiv (werbend) oder negativ (zersetzend) angesetzt werden … Der Reichsminister für Volksaufklärung und Propaganda führt nach den Weisungen des Führers und Reichskanzlers im Kriege wie im Frieden verantwortlich die gesamte Propaganda mit folgenden Ausnahmen

a) Für die Aufrechterhaltung der Stimmung, der seelischen Kampfbereitschaft und des Siegeswillens in der eigenen Wehrmacht ist allein die Wehrmacht verantwortlich …

b) Die aktive Propaganda im Kampfgebiet, also die Propaganda in die Bevölkerung und feindliche Wehrmacht von der Truppe aus, leiten die militärischen Dienststellen mit Hilfe der ihnen unterstellten Propaganda-Kompanien.

c) Die in der feindlichen Wehrmacht oder Arbeiterschaft zu betreibende Aufwiegelung ist eine Aufgabe der Wehrmacht, die nicht unter den Begriff Propaganda fällt.«[15]

Diesem Entscheid zufolge war die Durchführung der Wehrmachtspropaganda im Operationsgebiet Aufgabe des Oberkommandos der Wehrmacht, das seinerseits Durchführungsanordnungen an die Armeen, Luftflotten und Marinegruppenkommandos erstellte. Für die konkrete Durchführung der Propaganda an vorderster Front – im wahrsten Sinne des Wortes – waren die Propaganda-Kompanien verantwortlich.

Trotz Einbeziehung des Propaganda Ministeriums und der OFbersten Heeresleitung war Adolf Hitler von der Bedeutung der Kriegspropaganda so sehr überzeugt, dass er zusätzlich noch die Letztentscheidung für Flugblattexte zur Chefsache erklärte und sie sich auch vorlegen ließ:

»Der Führer hat sich die Genehmigung aller Flugblätter in Zukunft vorbehalten.«[16] und einzelne Texte für Flugblätter mit großen Auflagen wurden vom Stellvertreter des »Führers« selbst formuliert [17].

Kriegsflugblätter mit hohen Auflagen wurden in Berlin gedruckt und von dort aus verschickt. Je länger der Krieg dauerte, je geringer die Ressourcen, je länger die Anfahrtswege beim Vormarsch Richtung Osten und beschwerlicher beim Rückzug wurden, umso mehr Bedeutung erlangten die knapp hinter der Front produzierten Flugblätter.

Mit welcher Wucht, mit welch ungeheuren materiellen Mitteln der Propagandakrieg tatsächlich begonnen wurde und welche Ausweitungsmöglichkeiten für die damalige Zukunft in Betracht gezogen wurden, zeigt ein Bericht des Goebbel-Ministeriums vom 13.September 1939.

Das Reichsministerium für Volksaufklärung und Propaganda meldete an den »Stellvertreter des Führers«:

»... Ermittlungen über ... Durchführung der Flugblatt-Aktion haben folgendes ergeben: Durchführung an der Ostfront: In Polen sind in der Regel an einem Tage etwa eine Million Flugblätter abgeworfen worden und zwar insgesamt vier Tonnen (pro Maschine 400 kg = 100 000 Stück). Ein Viertel der Menge, also eine Tonne, wurde von Aufklärungsfliegern des Heeres abgeworfen. Insgesamt gelangten bis heute 15 Millionen Flugzettel mit 23 verschiedenen Texten zum Abwurf. Das Flugblatt-Material wird zu den Fliegerhorsten der Luftwaffe und des Heeres ange-

Geheim

Oberkommando der Wehrmacht

Nr.12393/39 g Ausl VIIIa

(Bitte in der Antwort vorstehendes Geschäftszeichen, das Datum und kurzen Inhalt angeben)

Berlin W 35, den 3.November 1939
Tirpitzufer 72-76
Fernsprecher: 21 81 91

Auswärtiges Amt
Inf. 2574
Eing. - 8. Nov. 1939

An
Auswärtiges Amt,
zu Hd. des Herrn Gesandten Altenburg.

Betr.: Abwurf von Flugblättern durch die Luftwaffe.
Bezug: A.A.Inf.1975 ANG.2, vom 20.10.39

1.) Der Führer hat sich die Genehmigung aller Flugblätter in Zukunft vorbehalten.

2.) Für die Flugblattpropaganda durch die Luftwaffe im Oktober ds.Js. waren drei Flugblätter angefertigt worden.

Das Flugblatt Nr. 102 (Engländer mit Gasmaske) war auf Grund eines persönlichen Vortrages des Herrn Gen.Feldm. Göring beim Führer zum Abwurf nicht zugelassen worden.

Als Grund für die Ablehnung des Flugblattes, konnte nur in Erfahrung gebracht werden, dass der propagandistische Wert des Blattes anscheinend vom Führer nicht hoch genug eingeschätzt wurde.

3.) Die möglichst frühzeitige Übermittlung von Entscheidungen an das Auswärtige Amt in ähnlich gelagerten Fällen ist durch die zuständigen Stellen im OKW - W.Pr.(Abt.Ic - Major Hüsing) und Ausl VIII durch Oberstlt. Becker an Herrn v. Tucher - sichergestellt.

Eine Unterrichtung des Auswärtigen Amtes durch dritte Stellen erübrigt sich daher.

Der Chef des Oberkommandos der Wehrmacht
Im Auftrage

E512050

liefert und von dort bei Feindflügen von Fall zu Fall zum Abwurf mitgenommen. Die mitgeführten Papiermengen bedingen einen Ausfall an Bombenlast. Die Feuerkraft wird mithin geschwächt. Diese Regelung ist nicht befriedigend. Da außerdem der Soldat lieber Bomben abwirft als Flugblätter, wird der Flugblattabwurf nur nebenbei und dann auch nur gezwungenermaßen erfolgen ...«[18] Für den Westen schlug das Propagandaministerium daher vor, eigene Staffeln bereit zustellen mit besonderen Abwurfvorrichtungen und eigenem Personal. »Zum Druck selbst ist zu sagen, dass ohne Schwierigkeiten an einem Tage 5.000.000 Flugblätter herzustellen sind, wenn gleichzeitig an mehreren Stellen gedruckt wird. Sollen diese Flugblätter zum gleichen Zeitpunkt abgeworfen werden, würde man hierfür 50 Maschinen benötigen (also 5 bis 6 Staffeln). Bestimmend für die Auflagenhöhe der Flugblätter ist also die Anzahl der jetzt zur Verfügung stehenden Flugzeuge. Es ist damit zu rechnen, dass in der Papierbeschaffung Schwierigkeiten aufkommen werden. Die Reichsstelle Papier stellt zur Zeit Erhebungen an, welche Mengen eingelagert sind. Nötigenfalls wird bei Wochenzeitungen und Zeitschriften eine Einsparung vorgenommen werden müssen, um die für die Flugblätter benötigten Papiermengen freizubekommen.«[18]

In diesen Dimensionen ging es auch weiter. Die Auflagen, zentral in Berlin hergestellt, wurden ausschließlich in Millionen geordert und produziert.

Rasch vor Beginn der Operation »Barbarossa« wurden die Propagandisten nochmals auf Vordermann gebracht: Ein Erlass des »Führers« und Obersten Befehlshaber der Wehrmacht vom 10.Februar 1941 sollte die Erfolge des Propagandakrieges gewährleisten.

»Die wirksame Führung des Propagandakrieges erfordert straffe Zusammenfassung und einheitliche Leitung.

Ich ordne deshalb für den Bereich der Wehrmacht an:

In Fragen der Propaganda und der militärischen Zensur ist die Vertretung der Gesamtwehrmacht, wie auch der Wehrmachtteile gegenüber allen zivilen Dienststellen und gegenüber der Öffentlichkeit ausschließlich Aufgabe des Oberkommandos der Wehrmacht.

Die Propagandatruppen unterstehen hinsichtlich Organisation, Stellenbesetzung, Einsatz im Großen und inhaltliche Gestaltung ihrer Tätigkeit unmittelbar dem Oberkommando der Wehrmacht.

Die notwendigen Durchführungsbestimmungen erlässt der Chef des Oberkommandos der Wehrmacht. Adolf Hitler«[19]

Die Propaganda-Truppen aufgegliedert in einzelne Propaganda-Kompanien waren rein militärische Einheiten, bestehend aus Offizieren, Unteroffizieren, Mannschaften und gegliedert nach den Aufgabengebieten: Wort-, Bild-, Film- Rundfunkberichten und Arbeitsstaffeln, die das vorhandene Material bearbeiteten und auswerteten. Jedem Armeeoberkommando war jeweils eine Propaganda-Kompanie zugeteilt.

Kriegsflugblätter wurden für alle Nationen, die mir Hitlerdeutschland im Krieg lagen produziert und in allen ihren Sprachen. Daher gab es auch so ungewöhnliche Exemplare, wie Flugblätter in polnischer Sprache für polnische Truppen im englischen Heer bei Tobruk, Flugblätter für australische Soldaten und für die ägyptische Zivilbevölkerung

Für die militärische Zensur waren eigenen Zensuroffiziere eingesetzt.

Zusätzliche Aufgaben der Propaganda-Kompanien waren die Kriegsberichterstattung für die unterschiedlichsten Medien, Lautsprechereinsätze an vorderster Linie zur Demotivierung des Gegners bzw. zur Aufforderung überzulaufen, Betreuung der eigenen Kampftruppen durch Herstellung und Lieferung von Feldzeitungen, und in Ruhezeiten zwischen den Kampfhandlungen die Organisation von Filmvorführungen und ›Kraft durch Freude‹- Veranstaltungen. Diesen Propaganda-Kompanien wurden auch Setzer und Drucker zugeteilt aber keine Setzvorrichtungen und keine Druckmaschinen. Die sollte die Wehrmacht in den eroberten Gebieten beschlagnahmen und den Kompanien zur Verfügung stellen. »… In Polen, Dänemark, Norwegen Frankreich, Belgien, Holland, Jugoslawien und Griechenland traf diese Annahme auch durchaus zu … Diese Situation änderte sich aber ab Sommer 1941 vor allem im Mittel-und Südabschnitt der Ostfront … die Feldzeitungen kamen schließlich mit einer Woche oder mehr Verspätung bei den Fronttruppen an, wenn sie überhaupt dorthin fanden. Die Flugblätter, die mitunter innerhalb weniger Stunden geliefert werden mussten, konnten OKW/WPr auch mit Flugzeugtransport nicht rechtzeitig heranschaffen. Ganz abgesehen davon, dass in den in Berlin fabrizierten Flugblättern das mitunter sehr gewünschte Lokalkolorit und die direkte Ansprache bestimmter sowjetischer Einheiten nicht wiedergegeben werden konnten. Die Fronteinheiten mussten sich also selbst helfen. Als erste Einheit beschaffte sich die Panzer-PK 694 eigene und schnell einsatzbereite Druckmöglichkeiten, die man überallhin mitschleppen konnte. Beutefahrzeuge aus dem Wjasmakessel wurden ausgeschlachtet und dann unter erheblichen Mühen für ihre neue Verwendung als Druckereiwagen ausgebaut. Setzmaschine, Druckautomat und Schriften wurden aus Berlin geholt …«[20]

Solche fahrbare Druckereien bestanden oft aus einem Wagen für die Setzerei, einen für die Druckmaschine und dem Papiervorrat und fahrbaren Unterkünften für die Mannschaft – meist neun Mann. Diese Druckereien waren schnell einsatzbereit und stellten neben Frontzeitungen, Druckschriften für die Wehrmacht und Informationsmaterial für die örtliche Bevölkerung vor allem Feindflugblätter her.

Die auflagenstärksten und daher die am meisten verbreiteten Flugblätter entstanden weiterhin in Berlin, herausgegeben vom Oberkommando der Wehrmacht. Gleichzeitig wurden von den Propaganda-Kompanien an der Front und in der Etappe Flugblätter hergestellt, die zu den von der Zentrale hergestellten variierten aber oft lokalen Bezug hatten.

Der Propagandakrieg mit Flugblättern an der vordersten Front wurde oft unterstützt durch Transparente und Lautsprecher. Es wurden auch mehrtätige, größere Propagandaaktionen durchgeführt mit Lautsprechern und massiertem Flugblattabwurf. Anlass für so eine Aktion war z.B. die Gefangennahme des Stalin-Sohnes. Über der gesamten Ostfront wurden fünf Millionen Flugblätter abgeworfen – mit dem Schwerpunkt Heeresgruppe Mitte.[21] Ein Fernschreiben der Wehrmachtpropagandaabteilung an den Luftwaffenführungsstab vom 2.September 1941 meldete: »OKW/WPr führt … an der gesamten Ostfront eine Propaganda-Großaktion mit dem für diesen Zweck geschaffenen Flugblatt Nr. 150 RA durch. Das Flugblatt ist für die Sowjettruppe bestimmt. OKW/WPr bittet zum Abtransport des Flugblattmaterials um Gestellung von je 5 Flugzeugen am 3.9., 4.9. und 5.9. um 10.00 Uhr Flughafen Rangsdorf …«[22] Während des Zweiten Weltkrieges wurde zeitweise der gesamte zivile Luftverkehr des Raumes Berlin vom Flughafen Tempelhof zum südlich von Berlin liegenden Flughafen Rangsdorf verlegt. Außer den zivilen Maschinen waren hier auch Flugzeuge der Kurier- und Nachrichteneinheiten stationiert.

Am nächsten Tag meldetet die Abteilung Wehrmachtpropaganda Einzelheiten: »Das Flugblatt Nr. 150 RA wurde in einer Auflage von 160 Millionen gedruckt. Davon sind 105 Millionen in Stangen verpackt, 50 Millionen in Flugblatthüllen und 5 Millionen in Flugblattpaketen. Von den Flugblattstangen und Flugblatthüllen gelangt im Laufe dieser Woche durch Lufttransport der erste Teil der Sendung zu den drei Luftflotten. Der Rest der Sendung wird in den nächsten Tagen durch Eisenbahntransport den drei Luftflotten zugeführt.« [22] Das Flugblatt 150 RA (RA steht für die Zielgruppe Rote Armee) ist das in der Fachliteratur bekannteste deutsche Kriegsflugblatt für die Ostfront. Daher ist es kein Zufall dass es in der vorliegenden Sammlung aus Cherson auch vorhanden ist – allerdings doppelt: einmal mit der bekannten Codierung 150 RA und zweites Mal mit 0 RA.

Methoden zur Verteilung der deutschen Kriegsflugblätter – Flugblattstangen, Propagandabomben, Weiß-Rot-Geschoße und Gewehrpropagandagranaten

Die einfachste Methode war, man warf die gebündelten Flugblätter händisch ohne technische Hilfsmittel aus den Türen der Transport- und Aufklärungsmaschinen sowohl der Luftwaffe als auch des Heeres. Um eine allzu große Streuung zu vermeiden, mussten die Maschinen möglichst tief fliegen und wurden damit leichte Opfer der gegnerischen Flugabwehr.

Dazu berichtete die Propaganda-Kompanie 689 am 16.September 1939:

»... Die Flugblätter wurden durch Türen abgeworfen. Die Bündelung der Flugblätter mit Klebestreifen hat sich bewährt. Die Klebestreifen sind infolge der Erschütterung gerissen, so dass die Flugblätter bequem mit der Hand gegriffen und herausgeworfen werden konnten. Für den Transport wäre der Ersatz der Klebestreifen durch haltbare Schnur zu erwägen. Der Abwurf ist aus verschiedenen Höhen bis zu 2.000 m, je nach dem feindlichen Abwehrfeuer erfolgt. Streuung der Flugblätter ist nicht beobachtet worden, weil die Flugzeuge sich von der Abwurfstelle bis zu 60 km entfernt haben, als sie nach dem Abwurf zur Erde kamen.« [23]

Aus Bombenflugzeugen oder Fernaufklärern, die mit hoher Geschwindigkeit in großen Höhen flogen, war es technisch nicht möglich, die Flugblätter von Hand hinauszuwerfen. Außerdem war beim Ausstreuen der Flugblätter aus großer Höhe eine gezielte Verbreitung unmöglich, da die unterschiedlichen Höhenwinde die Flugblätter bis zu hunderten von Kilometern weit vom

Abwurfgebiet abtrieben. Gelöst wurde das Problem, durch Bündelung von Flugblättern zu sog. »Stangen« oder »Ballen«

Die Flugblätter wurden schon in der Druckerei mit Hilfe von zwei Stahlbändern zu zirka 50 Kilogramm schweren sog. »Flugblattstangen« gebündelt. Das Gewicht von 50 Kilogramm entsprach etwa 12.500 Blatt in der Größe von 22 x 32 Zentimeter – also ungefähr einem DIN A4 Blatt[24]. Daher konnten Flugblattstangen auch 25 000 DIN A5 Flugblätter fassen, die halb so groß waren.[25]

Diese Flugblattstangen wurden zu den Flughäfen überstellt, in die Bombenschächte der Bomber eingeschoben und an den vorhandenen Bomben-Abwurfvorrichtungen befestigt. Das Ausklinken erfolgte wie bei Sprengbomben. Beim Abwurf über dem Zielort wurde beim Verlassen des Bombenschachtes ein Verzögerungszünder aktiviert. Nach Ablauf der eingestellten Verzögerungszeit zertrennten kleine Sprengladungen die zwei Stahlbänder – möglichst in einem Abstand von zehn bis 20 Metern über dem Boden. Das sollte eine optimale Streuung ergeben.

Die Verwendung dieser Flugblattstangen barg für die Besatzung der Flugzeuge unter Umständen unvorhersehbare Gefahren:

»Am 15.März 1940 neuer Einsatzbefehl: Heute Nacht … mit drei Maschinen Flugblattpropaganda über Nancy, Toul und St.Dizier … Bei 6000 Meter Höhe ist Sauerstoff schon ein verdammt unentbehrliches Lebenselixier … da taucht unter uns St.Dizier auf. Mühsam lassen sich die Klappen aufdrehen. Die ›Ida‹ ist wurffertig. Ab gehen die Pakete. Doch fällt nur ein Teil des bedruckten Papiers heraus. Verdammt, haben wir doch vergessen, die Maschine vorm Abwurf zu drosseln, wie das für derartige Abwurfladung vorgesehen ist. Ein Griff zum Notzug. Doch auch das hilft nichts. Unverrückt bleiben die restlichen Pakete in den Schächten. Hans Grab kriecht zwischen die Schächte, arbeitet sich mit dem Papier dusselig. Die ersten Blätter fallen wieder. Da bleibt ihm die Luft weg … Gerade will er zurückkriechen, um den Rest noch aus der Mühle zu drücken, da gibt es einen grellen Blitz und zuckenden Knall – ein Zünder ist in der Mühle losgegangen. Die Zeitungsblätter wirbeln uns um die Ohren. Doch der Hauptsegen ist weg. Rasch die Klappen zu …«[26] Der Verzögerungszünder, der die Stahlbänder erst in Bodennähe hätte durchtrennen sollen, war vorzeitig losgegangen.

Der Einsatz dieser Flugblattstangen war relativ aufwendig, deshalb wurde 1941 die »Zylindrische Lufthülle A 1009« entwickelt. In einem Schreiben des Deutschen Propaganda-Ateliers an das Oberkommando der Wehrmacht/Abteilung Wehrmachtpropaganda am 10. Oktober 1941 heißt es: »Die zylindrische Lufthülle ist in enger Zusammenarbeit mit dem Reichsluftfahrtministerium, ABt. LC7, entwickelt worden … Das RLM stellte die Bedingung, dass die Lufthüllen an jedes mit geeigneten Bombenträgern eingerichtete Flugzeug eingehängt werden könne und sogar den hohen Beanspruchungen bei Mitnahme durch ein Sturzkampfflugzeug gewachsen sein müsse.«[27]. Diese zylindrischen Lufthüllen konnten 17 000 Exemplare der Größe DIN A 5 fassen.

Auf Flugblattballone, die im Ersten Weltkrieg zum Einsatz gekommen waren, verzichtete im Zweiten Weltkrieg die deutsche Propagandamaschinerie zunächst. Die Assoziation zu Kinderballonen war zu naheliegend – und man wollte sich international keinesfalls lächerlich machen. Erste Versuche sind jedoch vom Kriegsbeginn bekannt: Eine Propagandaaktion an der Westfront im Oktober 1939 stieß auf erhebliche Schwierigkeiten. Der Versuch die 16 Seiten umfassende Führerrede in größeren Mengen mit Kinder- und Pilotballonen, über die Front zu bringen, schei-

DEUTSCHES PROPAGANDA-ATELIER · BERLIN

Rechteckige Abwurfstange

Zusammenstellung der Zündschnurlängen für verschiedene Abwurfhöhen

Abwurfhöhe in m	2000	3000	4000	5000	5500	6000	7000	7500	8000
Zündschnur-länge in cm	33	47	60	74	80	87	100	107	114

Die Länge der mitgelieferten Zündschnur ist jeweils durch Verkürzen an die gewünschte Abwurfhöhe anzupassen.

Anweisung für Zünderverkürzung:

(Arbeit darf nur von einem Feuerwerker ausgeführt werden!)

Der Reißzünder-Oberteil (a) ist vom Mittelstück (b) und dieses von der Klemmhülse (c), die unmittelbar auf der Zündschnur sitzt, abzuschrauben. Die Zacken des nunmehr freiliegenden Klemmstückes sind dann etwas abzubiegen, so daß es von der Zündschnur abgestreift werden kann. Die Zündschnur kann jetzt mittels eines scharfen Messers auf die erforderliche Länge (s. Tabelle) abgeschnitten und die Klemmhülse (c) wieder aufgeschoben werden; dabei ist darauf zu achten, daß die Hülse fest auf der Zündschnur sitzt und daß das Ende der letzteren etwa 22 mm über die Zackenspitzen hervorsteht. Darauf ist das Mittelstück und das Zünderoberteil wieder aufzuschrauben.

Achtung! Nicht am Ring des Abreißzünders ziehen!

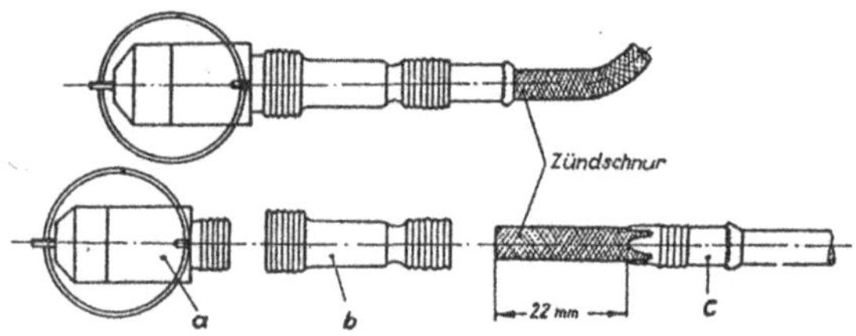

TABELLE ZUM EINSTELLEN DER ABWURFHÖHE VON FLUGBLATTSTANGEN

terte in erster Linie an den ungünstigen Windbedingungen. »... Im übrigen wurden fünf Kinderballons benötigt, um ein Exemplar der Führerrede in die Luft zu bekommen, während die größeren Pilotballons höchstens fünf Exemplare tragen konnten. Es wäre also nur möglich gewesen, mit Flugzeugen die 285.000 Stück der Führerrede über der französischen Front abzuwerfen. Vielleicht hätte der Einsatz eines katapultähnlichen Gerätes, wie es zur Zeit schon beim Heereswaffenamt in Entwicklung ist, im vorliegenden Fall gute Dienste leisten können.« [28]

Einige dieser Ballone sind, endlich erfolgreich gestartet, dann durch den Wind auf das von den Deutschen besetzte Gebiet zurück getragen worden. Der zuständige Beamte des Reichspropagandaamtes Württemberg meldete seinen sehr persönlichen Eindruck ans Propagandaministerium in Berlin: »Ich übermittle Ihnen anliegend ein solches Ballongespann, das hinsichtlich seiner Aufmachung einen mehr als fragwürdigen Eindruck macht. Eine solche Propaganda ist im Vergleich mit der großzügigen Propaganda, welche von französischer und englischer Seite aus mittels Flugzeug und Ballon durchgeführt wird, geradezu lächerlich. Insbesondere ist die Art der Befestigung der Ballone untereinander so wenig ansehnlich, dass wir mit einer solchen Propaganda in Frankreich bestimmt keinen positiven Eindruck machen. Ich bitte deshalb, von dort aus diese Propagandaart abzustoppen, zumal wir im allgemeinen ausschließlich Westwind haben ...« [28]

Wegen dieses angesprochenen Westwindes waren Ballone aller Art für die Westfront völlig ungeeignet. An der Ostfront wurden sie jedoch wieder eingesetzt, aber keine Kinderballone sondern die um vieles größeren Pilotballone. Pilotballone wurden und werden eingesetzt, um im wolkenfreien Raum die Wolkenuntergrenze und die Windrichtung festzustellen. Da der meist mit Wasserstoff gefüllt Pilotballon mit einer bekannten Aufstiegsgeschwindigkeit nach oben steigt, kann mit der gemessernen Zeit, in der der Ballon der unterern Wolkenrand erreicht, anhand einer Tabelle die Höhe der Wolken und die Windgeschwindigkeit berechnet werden.

Mit Hilfe eines ersten Pilotballons berechneten die Meteorologen aus Windrichtung und Windgeschwindigkeit die Flugdauer bis zum Zielgebiet. Beim Loslassen der weiteren Flugblattballone wurden die Asuslösemechanismen auf Grundlage der Berechnungen eingestellt. Am Ende der eingestellten Zeit sprengte dann eine Ladung von 20 Gramm die Pappendeckelbehälter, die die Flugblätter bis dahin zusammengehalten hatten.

Auch Artilleriegeschosse, von deutscher Seite extra für den Flugblatttransport entwickelt, kamen ab April 1940 zum Einsatz. Ihre technische Bezeichnung »Weiß-Rot-Geschoß« entsprach der besonderen farblichen Kennzeichnung: Der obere Teil des Geschosses war weiß, der untere rot gestrichen. Der Abschuss erfolgte aus der Leichten-Feld-Haubitze Modell 18, Kaliber: 10,5 cm. Die Schussweite lag bei sechs bis max. zehn Kilometern. Geschoßgewicht: 13,65 kg Nutzlast: 0,6 kg. Die Flugblattgranate war leichter als die Sprenggranaten, die normalerweise von diesen Haubitzen verschossen wurden. Beim Richten des Geschützes musste daher für das Weiß-Rot-Geschoß eine eigene Schusstafel verwendet werden. Die Nutzlast von 0,6 Kilogramm entsprach etwa 500 Flugblättern im Format DIN A5. Im Geschoß war ein Rolle Flugblätter eingelegt, die noch während des Fluges durch eine kleine Pulverladung von acht Gramm nach rückwärts ausgestoßen wurde. Danach öffnete sich die Flugblattrolle und die Blätter gingen einzeln zur Erde nieder. Der Zeitzünder wurde so eingesetzt, dass der Ausstoß der Flugblätter in etwa 100 Me-

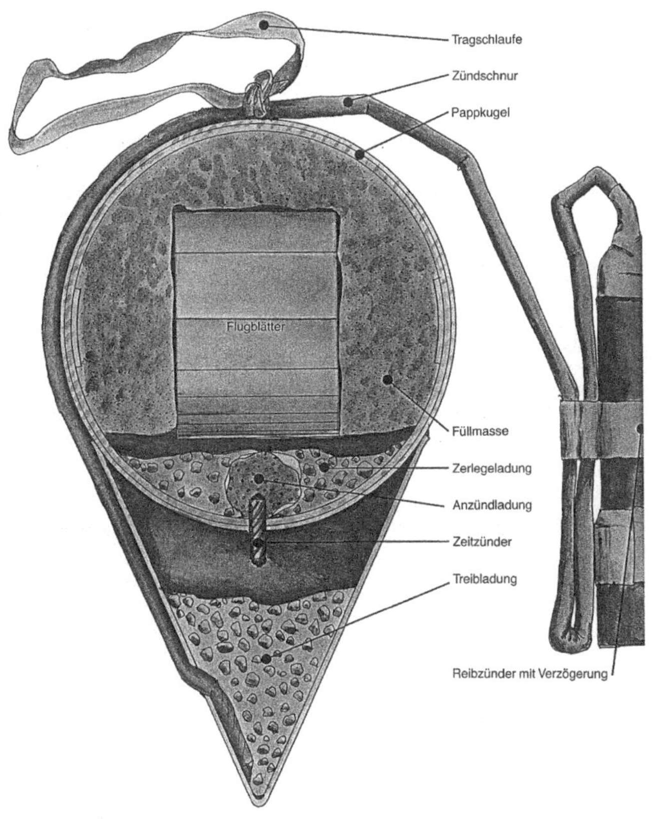

FLUGBLATTBOMBE

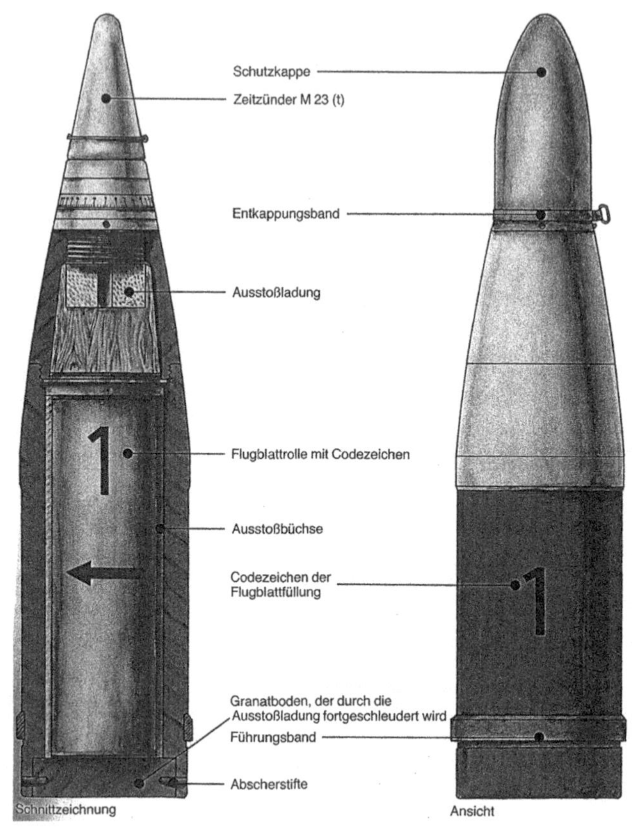

WEISS - ROT - GESCHOSS

ter Höhe, kurz vor dem Ende der Flugbahn erfolgte. Durch den Explosionsdruck der Ausstoßladung wurde eine Kettenreaktion ausgelöst. Der Druck wirkte auf einen Holzblock und über die Ausstoßbüchse auf den Granatboden und die Stifte, die den Granatboden hielten. Die Stifte brachen, der Boden flog weg und die Ausstoßbüchse ins Freie. Der zwischengelagerte Holzblock verhinderte eine Deformierung der Büchse verhindert und die Flugblätter blieben unbeschädigt. Das Verschießen der Flugblätter durch Artilleriegranaten ermöglichte eine gezielte Verbreitung in Frontnähe. Nachteilig war, bedingt durch die aufwendigen Vorarbeiten, dass Flugblätter mit aktuellem Inhalt, nicht verwendet werden konnten. Zu Verzögerungen führte nicht nur der lange Transportweg sondern auch das enge Rollen der Flugblätter. Das war aber notwendig, sonst brachte man die vorgeschriebene Flugblattmenge nicht in die Ausstoßbüchse. Für das fachgerechte Rollen oder Wickeln brauchte man besondere Wickelmaschinen und die waren nicht überall greifbar. Daher musste man damit rechnen, dass zwischen dem Einsetzen der Rolle in die Granate und dem Ausliefern der fertig bestückten »Rot-Weiß-Geschosse« in der Feuerstellung – mindestens 14 Tage vergingen.

Auf der Suche nach einfacheren Mitteln und Methoden wurden die »Propaganda-Bomben« entwickelt. Propaganda-Bomben waren Pappkugeln (Österreichisch: Pappendeckelkugeln) mit einem Durchmesser von zwölf Zentimetern und mit Flugblattfüllung. Diese Propaganda-Bomben waren zunächst als Provisorium entwickelt worden, als einfaches Verbreitungsgerät für geringe Schussentfernung. Aus Papprohren (Österreichisch: Pappendeckelrohren) mit dem Kaliber 12 Zentimeter wurden die 0,9 Kilogramm schweren Papierbomben bei günstigen Be-

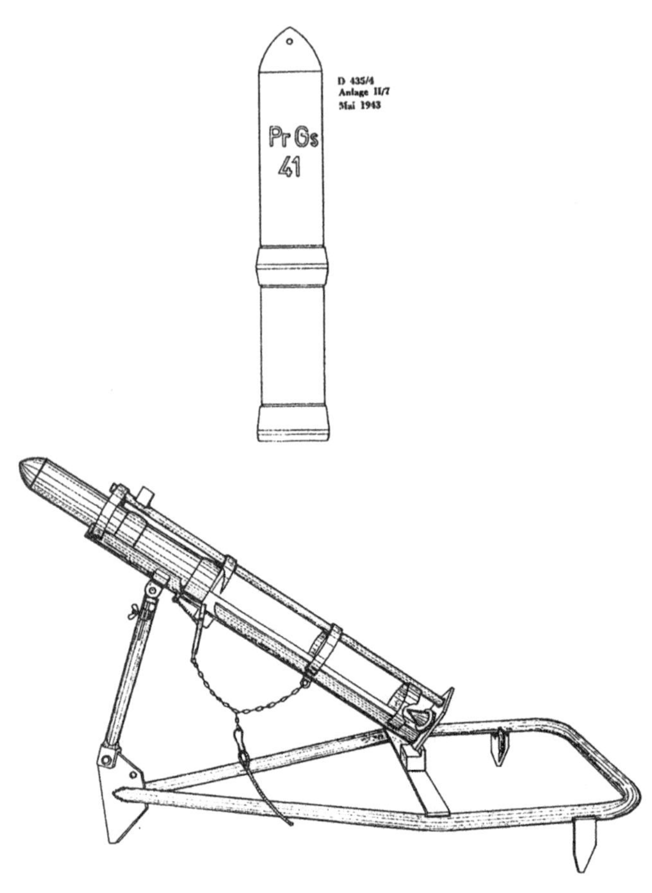

PROPAGANDAWERFER UND PROPAGANDAGESCHOSS 41

dingungen bis zu 600 Meter weit verschossen. Wegen der geringen Transportlast wurden meist kleinformatige Flugblätter verwendet. Das Pappendeckelgeschütz war aus einem Signalwerfer entwickelt worden. Die Signalbomben, die aus solchen Signalwerfern normalerweise abgeschossen wurden, dienten der Deutschen Wehrmacht zur Kommunikation auf große Entfernungen. Bei den Propagandabomben wurde der pyrotechnische Teil der Signalbomben durch Flugblätter ersetzt. Kurz vor dem Ende der Flugbahn zerplatzten die Papierkugeln und die Flugblätter schwebten frei zur Erde. Bei Gegenwind flogen die Bomben maximal 100 Meter weit. Durch das weithin sichtbare Mündungsfeuer, den Funkenregen, der die Papierkugel begleitete und die außerordentlich starke Rauchentwicklung, konnte der Feind den Werfertrupp leicht ausmachen, der dann unter Umständen relativ rasch feindlichem Artilleriebeschuss ausgesetzt war.

Die Mängel der Propagandawerfer veranlasste die Propaganda-Kompanie 612 zu der folgenden Stellungnahme:

»Es erscheint dringend erforderlich, dass Werfer konstruiert werden, die eine größere Reichweite besitzen. In allen Fällen konnte der Einsatz nur durchgeführt werden unter einer starken Sicherung, weil die Einsatzstellen jeweils weit vor den vordersten Sicherungen lagen. Abgesehen von der starken Gefährdung unserer Werfertrupps im Niemandsland durch einen überraschenden Angriff feindlicher Spähtrupps, bedeutet die Sicherung auch eine starke Belastung der Truppe. Bei ungünstigen Windverhältnissen an unserer Front ... kann höchstens auf eine Entfernung von 400 m geschossen werden. An fast allen Einsatzstellen blieben wir jedoch unter 400 m, an einigen wurde auf 100–150m geschossen ... Stark zu bemängeln ist das weithin sichtbare Mündungsfeuer und die durch Funkenbildung genau feststellbare Flugbahn der Minen ...« [29]

Trotz aller Mängel blieb Propagandawerfer und Propagandabombe bis 1942 im Einsatz, da der Werfer einfach zu bedienen war und für die Bombe nur Papier gebraucht wurde, also damals kein »kriegswirtschaftlicher« Rohstoff.

Als Nachfolger wurde der Propagandawerfer 41 entwickelt, mit dem alle Propaganda-Kompanien ausgestattet wurden. Dieser Propagandawerfer bestand aus einem zusammenlegbaren, tragbaren Abschussgerät und dem Propagandageschoß 41. Es fasste bis zu 250 Flugblätter und flog 2500 – 3200 Meter weit. Die Füllung der Geschoße erfolgte durch die Propaganda-Kompanien.

Geringe Mengen von Flugblättern konnten auch mit der »Gewehrpropagandagranate« hinter die feindlichen Linien geschossen werden. Die Schussweite betrug 500 Meter. Die Granate konnte 40 Flugblätter aufnehmen. Erst 1941 entwickelt wurden sie ab 1942 eingesetzt.

Die deutschen Kriegsflugblätter aus dem Raum Cherson – Bildbeschreibungen und Textanalysen

Die meisten Flugblätter haben ein Format von zirka 16 mal 22,5 Zentimeter, sind in schwarz weiß gedruckt und haben auf einer Seite als Eye-Catcher entweder ein Foto, eine Zeichnung, eine Karikatur oder eine Bildmontage.

Ein beliebtes Sujet war die Darstellung von zufriedenen, wohlgenährten und sauber angezogenen Rotarmisten in deutscher Kriegsgefangenschaft, vielleicht sogar lächelnd, lesend, essend und trinkend. Versehen waren diese Bilder mit Untertiteln wie: So lebt es sich in der deutschen Gefangenschaft. In der Näherei des Kriegsgefangenenlagers werden ununterbrochen Schuhe und Uniformen der Kriegsgefangenen repariert. Oder: Beeilt euch auf unsere Seite herüber zu kommen. Die Suppe ist fertig!

Als Jakob Stalin im Juli 1941 bei Smolensk in deutsche Kriegsgefangenschaft geriet, wurde das natürlich von der deutschen Propaganda genützt. Ein Flugblatt zeigt Jakob Stalin mit deutschen Offizieren und ihn selbst in offensichtlich guter physischer Verfassung – auf der Rückseite dann der Aufruf: Folgt dem Beispiel von Stalins Sohn – er lebt, ist gesund und fühlt sich hervorragend. Warum solltet ihr nutzlose Opfer bringen, dem sicheren Tod entgegengehen, wenn sogar der Sohn eures obersten Führers schon in Gefangenschaft gefallen ist. Kommt auch ihr!

Die nationalsozialistische Propaganda versuchte dieses Bild eines angenehmen Lebens – sowohl als Kriegsgefangener als auch als russischer Bürger/Bauer unter deutscher Herrschaft noch zu verstärken: durch die Gegenüberstellung einer heilen Friedenswelt und den Gräueln des Krieges.

In der rechten oberen Bildseite eine lächelnde glückliche Bauernfamilie, offensichtlich vom Feld heimkehrend Sense und Rechen geschultert. Der Bauer trägt sein lachendes Kind durch sprießende Ähren. Links unten aber sitzt ein Bein- und Fußamputierter mit Krücken und bettelt. Dazu die suggestive Frage: Herr werden oder Krüppel? Was ist besser? Wähle aus!

Ähnlich die Darstellung einer anderen glücklichen sowjetischen Familie. Bauer und Bäuerin in traditioneller russischer Kleidung, der Bauer anzüglich(?) die Bäuerin verliebt(?) lächelnd vor ihrem Blockhaus. Das Kind spielt vor ihnen im Garten mit einem Zicklein, dahinter blüht der Flocks. Dann ein starker Strich von links oben nach rechts unten und dahinter krepiert ein Rotarmist am Schlachtfeld vor einem brennenden Gebäude. Und dazu ein ähnliche Fragestellung: Rotarmist – wähle: den Tod oder das Leben.

Eine gezeichnete Bildgeschichte in fünf kleinformatigen Bildern ersetzt eine ganze Argumentationskette:

1. Bild: Sowjetische Soldaten, das Rote Banner vor sich hertragend, greifen die deutschen Linien an und stürmen direkt in das Feuer eines deutschen Maschinengewehrs. Text: Man hetzt euch in den sicheren Tod.

2. Bild: Zwei Rotarmisten heben die Arme und ergeben sich. Text: Rette dein Leben.

3. und 4.Bild: Völkerverbindende Gesten im deutschen Schützengraben. Text: Freundschaftliche Beziehungen zum ehemaligen Feind.

5. Bild: Ein Rotarmist, offensichtlich knapp vor der Kampflinie, hinter ihm im Schützengraben deutsche Soldaten und ein

Rotarmist, hat die Hände zu einem Trichter geformt und schreit: Genossen, kommt auch ihr herüber. Wir sind hier in Sicherheit.

Das letzte Bild erinnert an die Verbrüderungsszenen zwischen deutschen und russischen Soldaten im Ersten Weltkrieg. Sollten hier Erinnerungen wachgerufen werden? Wenn, dann wurden diese Erinnerungen bewusst missbraucht. Denn beim Ersten Weltkrieg folgten auf die Verbrüderungen schon bald die ersten Friedensverhandlungen. Frieden war bei den Nazi-Generälen aber erst nach dem Endsieg geplant und der war – in jeder Phase des Krieges – weit entfernt.

Eine Bildergeschichte aus nur zwei Bildern fordert: Schlag den jüdischen Politruk, die Fresse bettelt um einen Ziegel! Im ersten Bild steht ein Uniformierter, gut gedeckt hinter einer Ziegelmauer und einem Baum, durch seine Schirmmütze, Pistole und Hakennase soll er als »jüdischer Politruk« sofort erkannt werden. Auf diese Symbole, die die deutsche Propaganda konsequent einsetzt, um den »jüdischen Kommissar« als den »größten Feind des Dritten Reiches und der Menschheit«, zu definieren, wird weiter unten noch ausführlich eingegangen. Am oberen Rand des Bildes sind vor einem Wald deutsche Stellungen angedeutet und der Politruk zwingt offensichtlich mit gezückter Pistole fünf Rotarmisten zum Angriff. Ein Rotarmist liegt bereits getroffen am Boden – ob er Opfer der Deutschen oder des Kommissars geworden ist, weil er sich dessen Befehlen widersetzen wollte, bleibt offen. Text: Die Kommissare und Politruks zwingen euch zu einem widersinnigen Widerstand.

Im zweiten Bild erschlagen zwei Rotarmisten den Kommissar. Er liegt schon in seinem eigenen Blut. Ein Rotarmist entwendet ihm gerade die Pistole, der andere hat von der Mauer einen Ziegelstein genommen und schlägt auf den Kommissar ein.

Drei Rotarmisten haben die Hände hoch genommen und laufen zu den Deutschen über, die offensichtlich aus ihren Schützengräben herauskommen. Text: Jagt die Kommissare davon und lauft zu den Deutschen über.

Dasselbe Thema wird auf einem anderen Flugblatt in einer einzigen Szene dargestellt. In einem Schützengraben gehen Rotarmisten auf zwei Kommissare los. Es ist wieder Schirmmütze, Pistole und Hakennase mit denen der Zeichner die beiden Kommissare definiert. Der eine Kommissar läuft schon davon während der andere noch versucht die Schläge mit dem Gewehrkolben abzuwehren. Text dazu: Schlag den jüdischen Politruk, die Visage bettelt um den Ziegelstein. Euer Kampf ist zwecklos! Eure Lage hoffnungslos … Kommt zu den Deutschen! Beeilt Euch!

Die rechte Faust nicht zum proletarischen Gruß geballt sondern zur Drohgebärde steht ein Rotarmist wild entschlossen vor den Leibern seiner gefallenen und verletzten Kameraden. Hinter sich explodierende Granaten vor sich den Stacheldrahtverhau des Schützengrabens. In der Linken sein Gewehr mit aufgepflanztem Bajonett. Die deutsche Propaganda ruft ihm zu: Die Bajonette nieder! Und schneller zu den Deutschen oder nach Hause. Eine weitere Teilnahme am Krieg ist sinnlos! Sein entschlossenes Gesicht, seine Körperhaltung scheinen eine andere Sprache zu sprechen. Ist dem Zeichner der Rotarmist missglückt? Gibt es eine andere Interpretation?

Im Frühjahr 1944, ein Jahr nach dem Ende der Kämpfe um Stalingrad, die Deutsche Wehrmacht befand sich schon längst auf dem Rückzug, gelang Generaloberst Hans Hube, damals Oberbefehlshaber der 1.Panzerarmee im Osten ein auch von Militärhistorikern bestätigter beachtlicher Erfolg: Er führte seine Panzerarmee aus einer Umschließung bei Kamenez-Podolsk heraus und führte seine Armee als sog. »wandernden Kessel« an die eigene Front heran. Die deutsche Propaganda reagierte auf diesen einmaligen Erfolg mit einem eigenen Flugblatt, das eine gesprengte Kette zeigte und den Text: »Schukows Plan ist zusammengebrochen. Die Deutsche Armee nach wie vor stark.« Der Optimismus scheint ein Jahr vor Kriegsende unverständlich. Doch der Mythos von der Wunderwaffe, die Durchhalteparolen und die Wirkung von Goebbels Verkündigung des »Totalen Krieges« zeigten offensichtlich Wirkung.

Ins Auge stechen, schon bei einer ersten oder auch nur oberflächlichen Betrachtung, die antisemitischen Illustrationen im schlimmsten Stürmerstil. Dabei wiederholen sich ähnlich wie bei der Darstellung der Kommissare – Schirmkappe, Pistole und krumme Nase – die Stilelemente in stereotyper Weise, zum Beispiel: Davidstern und Ratte.

Über dem Text: »Juden fressen wie Ratten die Würde eures Volkes auf! Jagt die Juden aus dem Land, so beendet ihr schnell diesen Krieg!« sitzt eine fette Ratte vor einem Davidstern. Auf einem anderen Flugblatt, wieder vor einem Davidstern ist diesmal der »Ewige Jude« dargestellt: Schirmmütze und krumme Nase, Zahnlücken und ungepflegter Bart, das linke Auge fast geschlossen. Dem Gesicht ist ein unsympathisches Lächeln aufgesetzt: »Die Juden – eure ewigen Feinde! Stalin mit dem Juden eine Bande von Verbrechern! Nieder mit der Herrschaft der Juden!«.

In den deutschen Kriegsflugblättern spiegelt einerseits der für den Nationalsozialismus typische systemimmanente Antisemitismus wider, andererseits wird versucht mit Hilfe eines Antisemitismus, der speziell auf die Sowjetunion und ihre Armee abgestimmt war, die Schlagkraft der Roten Armee zu schwächen. Die deutsche Propaganda versuchte einen Keil in die Rote Armee zu treiben, und Soldaten und Offiziere gegen einen Feind in den eigenen Reihen, den jüdischen Kommissar, aufzuhetzen. Dazu bauten die Nazis folgende Argumentationskette: Die Juden sind schuld am Bolschewismus, sie sind die Drahtzieher hinter den offiziellen Staatsführern, sie haben sich während des Krieges ins sichere Hinterland zurückgezogen und leben dort als Kriegsgewinnler und Kriegshetzer unter angenehmen Bedingungen. An der Front wirken die Juden als Kommissare. Gelingt es, die Juden zu vernichten oder zu vertreiben, dann ist der Krieg aus. Und im neuen judenfreien Friedensland werden unter der Schirmherrschaft Nazi-Deutschlands alle Russen glücklich und zufrieden leben können.

In die Kategorie systemimmanenter nationalsozialistischer Antisemitismus fallen die Darstellung eines Walfisches, der einen Juden – dargestellt mit übergroßer Nase und unrasiert – wieder ausspuckt, weil er unverdaulich ist und die eines Schmiedes am Ambos, der gerade ein Hufeisen formt. Auch der Schmied ist als Jude gekennzeichnet – unrasiert mit Schirmmütze und übergroßer Nase und dazu textet der Zeichner: »Kann denn das sein! Nein! Der Jude arbeitet niemals selbst!«

Diese zwei Flugblätter fallen in der Sammlung aus Cherson auf. Sie sind antisemitisch aber ohne konkreten Bezug zum Kriegsgeschehen an oder hinter der Front. Das ist ungewöhnlich, denn die meisten verwendeten Flugblätter setzen viel offensichtlicher den Antisemitismus zur »Schwächung der Kampfkraft der Roten Armee« ein.

»Unter jüdischem Vorzeichen« heißt eines dieser Blätter und es zeigt einen russischen Kommissar, mit gezückter Pistole und Schirmmütze mit Sowjetstern. Er trägt einen dicken Wintermantel mit breitem Pelzkragen, der offensichtlich demonstrieren soll: Während der einfache russische Soldat frieren muss, kann es sich der Jude richten. Und auf seiner Nase sitzt ein Zwicker. Mit Zwicker und Brille wird in der nationalsozialistischen Propaganda oft der Intellektuelle gekennzeichnet und noch größer als der Hass der Nazis gegen Juden war der gegen intellektuelle Juden. Der Hintergrund des Bildes zeigt Leichenhaufen. Der Kommissar trägt eine Fahne, wahrscheinlich soll es eine rote sein. Auf ihr sind deutlich die Profile von Marx, Engels, Lenin und Stalin zu erkennen. Ergänzt wird diese Reihe durch die Profile von zwei Juden, gezeichnet in extremen Stürmerstil. Diese zwei Judendarstellungen in einer Reihe mit den ›Gründern‹ der Sowjetunion sollen offensichtlich symbolisieren: Jetzt sind es die Juden, die die tatsächlichen Führer der Sowjetunion sind. Und es sind nicht die Juden auf die ihr euren Fahneneid abgelegt habt. Also was hält euch noch in der Roten Armee?

Juden als Kriegsgewinnler im Hinterland werden dick und wohlgenährt dargestellt, der eine winkt mit Geldscheinen auf denen die Zahl 1000 steht, allerdings ist keine Währung erkennbar der andere steht zwischen zwei prall gefüllten Geldsäcken. Einer der Säcke hat ein Dollarzeichen. Währenddessen verbluten die Rotarmisten an der Front und ein Greis und eine Frau, beide ausgemergelt unter ein Joch gespannt, ziehen eine Egge – während der Jude mit den Geldsäcken im Hintergrund lacht.

Menschenverachtender und unsympathischer kann man wohl kaum zwei Menschen darstellen, wie die zwei Kommissare, die heimlich bei ihrem Gespräch belauscht werden. Dabei prahlt der eine, dass er nicht mehr Kommissar an der Front sondern Oberst in der Kontrollabteilung zur Verhinderung von Schleichhandel geworden ist – damit will der Zeichner/Schreiber offensichtlich suggerieren, man hat den Bock zum Gärtner gemacht. Der andere ist stolz darauf, dass er es zum Major gebracht hat, als Sampolit (Siehe Seite 89) in der Intendantur. Und weit hinten brennt links eine Stadt und rechts ein Schlachtfeld.

Als 1943, mitten im Krieg, das Politbüro der KPdSU Kirche und Religion in der Sowjetunion wieder erlaubte, offensichtlich aus kriegstaktischen Überlegungen, reagierte darauf auch die deutsche Propaganda und stellt das als Werk von Juden dar. Ein Jude mit gekrümmten Rücken – fast mit einem Buckel – mit großer Nase und offensichtlich wieder ein Kommissar mit Schildmütze plus Sowjetstern, Chaim Schumelewitsch (!) genannt spricht vor neun Juden »seinen Schumelewitschern«: »Ihr – meine Kinder – ich erkläre euch offen, die Kirchen wurden nur deshalb geöffnet, weil dies für unsere Kriegsführung günstig ist …« Es sind aber keine Kinder zu denen er spricht, sondern es sind erwachsene jüdische Männer, dargestellt in der Nazi-Interpretation: sechs davon mit Kommissar-Schirmmütze, einer im Rattenpelz, den Rattenschwanz hinter sich her ziehend.

Auch bei der bildlichen Darstellung einer kommunistischen Veranstaltung – links oben im Bild deutlich erkennbar Hammer und Sichel – sind die Redner, also die politischen Verantwortlichen als Juden, als intellektuelle Juden (Brille!) gezeichnet. Einer der Zuhörer sticht durch asiatische Gesichtszüge heraus, aller anderen sollen durchschnittliche nicht-jüdische Sowjetbürger darstellen. Im Text darunter gibt es die Erklärung für diese ›Rollenverteilung‹: »In der Sowjetunion nehmen alle Partei- und führenden Posten Juden ein. Nur in den Präsidien und auf den Tribünen kann man sie sehen.«

Offensichtlich aus einer Zeit, in der die Niederlage der Deutschen Wehrmacht noch nicht eindeutig absehbar war, stammt das Flugblatt, das zwei fliehende Juden zeigt. Einer schleppt einen Sack und eine große Aktentasche – beides mit Geld(?) mit

Wertsachen(?) gefüllt – der andere soll einen Kommissar darstellen – mit Schirmmütze und Sowjetstern am Ärmel: »Wohin gehen Sie, Solomon Abramowitsch? Nach Amerika, nach China. ..« Sie flüchten – wie Diebe – vor der siegreichen deutschen Armee … weit weg.

Ab 1942 begann Hitler-Deutschland Soldaten und Offiziere der Roten Armee, die übergelaufen oder in deutsche Gefangenschaft geraten waren und gegen die Sowjetunion kämpfen wollten, in eigenen Einheiten an der Ostfront gegen die Rote Armee einzusetzen. Unter dem ehemaligen sowjetischen Generalleutnant Andrej Wlassow wurden diese Einheiten zur sogenannten Wlassow-Armee zusammengefasst. Da diese Armee fast ausschließlich aus ehemaligen Sowjetbürgern bestand und in der Annahme bei Überläufern der Roten Armee wäre die Schwellenangst geringer, wenn sie zu ihren eigenen Landsleuten überliefen, verfasste die deutsche Propaganda für diesen russischen Heerführer und seine Armee eigene Flugblätter. Eines zeigt Russen bei einer Versammlung mit dem erklärenden Text: »Mit Wlassow für ein freies und glückliches Russland! Bauern hören eine Ansprache von General Wlassow.« das andere eine mystische Kampfszene. Ein auf Grund seiner Stahlhelmform als Deutscher erkennbarer Soldat wirft seine Stabhandgranate gegen einen Davidstern, der in seinem Mittelfeld ein aus menschlichen(?) Knochen gebildetes Hammer und Sichel-Symbol trägt. Der Davidstern geht in einem Feuermeer unter. Zum Teil ist er bereits versunken. In vier noch erkennbaren Dreieckssegmenten ist dreimal die Zahl sechs [30] und einmal des Dollarzeichen zu erkennen. Links im Hintergrund erstrahlt noch(?) der Sowjetstern. Wie eine aufgehende – oder untergehende – Sonne ist er von einem Strahlenkranz umgeben. Die Zahl 1917 innerhalb des Sternes markiert das Jahr der Oktoberrevolution. Wirft der deutsche Soldat aus seiner befestigten, zum Teil schon zerstörten Bastion seine Handgranate gegen den Sowjetstern oder versenkt er den Davidstern zur Gänze? Die Interpretation bleibt beim Betrachter. Der Text auf der Rückseite endet mit der Aufforderung. »Komm her! Dein Platz ist bei uns! Wlassow-Armee«

Die Bilder und Illustrationen der deutschen Kriegsflugblätter zeigen die Grundtendenz der deutschen Propaganda deutlich genug. Die Texte ermöglichen aber eine differenziertere Herangehensweise:

Das Ziel der Nazi-Wehrmacht war: Die Kampfkraft der Roten Armee soll durch das Überlaufen möglichste vieler Rotarmisten maximal geschwächt werden. Mit Lügen, Drohungen, falschen Versprechungen und unrealistischen Darstellungen der militärischen Lage wurde versucht, Rotarmisten zum Überlaufen zu überreden. Es sind sechs Themen, die in den Texten der Flugblätter immer wieder vorkommen.

1. Den Sowjetsoldaten geht es in deutscher Kriegsgefangenschaft gut, jedenfalls besser als an der Front.

2. Die deutsche Wehrmacht wird den Krieg gewinnen und wer sich entschließt, schon vor dem Sieg überzulaufen, wird bevorzugt behandelt.

3. Die Sowjetsoldaten sollen sich von den Juden nicht missbrauchen lassen, die im Hinterland sitzen, von dort die Fäden ziehen und es sich gut gehen lassen.

4. Nach ihrem Sieg werden die Deutschen in der Sowjetunion eine zweite Revolution machen, dann gibt es eine gerechte Gesellschaftsordnung.

5. Die Soldaten der Roten Armee werden von ihren Vorgesetzten schlecht behandelt! Weshalb in dieser Armee weiter kämpfen?

6. Während die Rotarmisten an der Front sind, blutet das Hinterland unter sowjetisch/jüdischer Knechtschaft.

1. Den Sowjetsoldaten geht es in deutscher Kriegsgefangenschaft gut, jedenfalls besser als an der Front.

Allen Offizieren, Politarbeitern und Soldaten, die ›freiwillig zu uns überwechseln‹ wird garantiert:

»Einzelne und vollständig angemessene Unterbringung, Unantastbarkeit des persönlichen Eigentums (Geld, Wertsachen, Bekleidung, Dienststellung, Rang), unverzügliche und beständige ausreichende Versorgung mit Lebensmitteln aus den Beständen der Truppe, ärztliche Hilfe, sofortige Evakuierung aus der Zone der Feindaktivitäten, Ausgabe eines persönlichen Passierscheines, Ihr werdet bei uns wie Kameraden empfangen. Wir halten unser gegebenes Wort.« In einem anderen Flugblatt wird neben guter Verpflegung, Unterkunft und Rückkehr in die Heimat nach Kriegsende das »Recht auf Leben« versprochen. Selbst diese minimale Forderung und Selbstverständlichkeit war angesichts der Massenerschießung gleich nach der Gefangennahme eine unverschämte Lüge. Rotarmisten, denen die Flucht aus der deutschen Gefangenschaft geglückt ist, erzählten ihren Kameraden ihre Erlebnisse und klärten sie über die brutale Realität auf und zerstörten damit die Illusionen mancher Rotarmisten, die vielleicht mit dem Überlaufen spekuliert hätten. Diesen Informationen versuchte die deutsche Propaganda gegenzusteuern: »Das, was Eure Propaganda vom Verhalten der Deutschen gegenüber den Überläufern und Gefangenen sagt – das ist alles Lüge!« oder »Eure Propaganda nennt uns Raubtiere und Räuber und erzählt von uns alle möglichen Lügengeschichten.« Aber »Unsere Menschlichkeit zeigt die Lüge eurer Propaganda«.

Die deutsche Propaganda verspricht, den Gefangenen geht es gut, »Mit Personen, die freiwillig auf unsere Seite gewechselt sind, … wird noch besser umgegangen: Sie erhalten ein persönliches Dokument, das ihnen bessere Verpflegung und eine Reihe anderer Privilegien sicher stellt. Denen, die arbeiten wollen, besorgen wir entsprechend ihrer Ausbildung Arbeit.« Nach de Gefangennahme wurde in der Regel kein Unterschied mehr gemacht zwischen Gefangenen und Überläufern und angesichts der 100 000 toten Zwangsarbeitern, zeugt der letzte Satz von besonders widerlichem Zynismus.

Dem Bild vom traditionellen Schlagwort der Deutschen Gründlichkeit – in letzter Zeit oftmals kritisch und erfolgreich hinterfragt – entspräche ein Flugblatt mit einem 8-Punkte Programm für deutsche Kriegsgefangene. Darauf werden penibel aufgelistet die Rechte – aber auch die Pflichten – der deutschen Kriegsgefangenen. Sie reichen von Einhaltung internationaler Vereinbarungen bis zur persönlichen Sauberkeit, von der Verpflichtung zu Ehrenbezeugungen bis zur Meldepflicht von Ungerechtigkeiten und Mängel. Punkt acht verkündet: »Millionen russischer Kriegsgefangener sind schon wegen guter Führung ins zivile Leben entlassen worden. Sie arbeiten jetzt in privaten Unternehmen nach eigenem Wunsch.« Auch dieses Flugblatt ist an Zynismus kaum überbietbar.

Die Informationen über das tatsächliche Schicksal der Rotarmisten in deutscher Gefangenschaft dürfte in den Reihen der Roten Armee schon bald nach dem Überfall auf die Sowjetunion allgemein bekannt gewesen sein. Als die Illusionen vom Blitzkrieg durch die Landser-Parole »Vorwärts Kameraden, wir gehen zurück!« ersetzt wurde, trafen die Rotarmisten auf die einheimische Bevölkerung, die bis dahin unter deutscher Herrschaft stand. Diese Menschen berichteten, dass die Deutsche

Wehrmacht zum Beispiel brutal gegen jene Zivilisten vorgegangen ist, die den Kriegsgefangenen Nahrung und Kleidung zustecken wollten, oder dass Einheimische gezwungen worden waren erschossene kriegsgefangene Rotarmisten in Massengräbern zu bestatten.

Die deutsche Propaganda versuchte gegenzusteuern und diese Berichte zu widerlegen:

»Kameraden? Rotarmisten! Viele von Euch sind freiwillig zu uns übergelaufen. Sie erzählen, dass die Kommissare und Politruks Euch verängstigen, dass die Deutschen die Gefangenen foltern oder töten. Glaubt nicht den Betrügern! Eure Kameraden haben selbst erfahren, dass die Deutschen menschlich mit den Gefangenen umgehen! Warum sollt Ihr umsonst Euer Blut vergießen? Folgt dem Beispiel Eurer Genossen: Kommt ruhig zu uns!«

2. Die deutsche Wehrmacht wird den Krieg gewinnen und wer sich entschließt, schon vor dem Sieg überzulaufen, wird bevorzugt behandelt.

Solang der Mythos vom Blitzkrieg noch wirkte und die Entscheidungsschlacht von Stalingrad nicht geschlagen war, konnte die deutsche Propaganda noch euphorisch auf Erfolge hinweisen. »Euer Kampf ist zwecklos! Eure Lage hoffnungslos! ... Immer weiter und weiter dringen die siegreichen deutschen Heere und ihre Verbündete vor. Deutsche Soldaten stehen schon vor den Türen des Kaukasus! Was hilft da schon Stalins verzweifelter Klageruf ›Keinen Schritt zurück‹ ... Ihr wisst nur zu gut, dass die deutsche Luftwaffe in der Lage ist, eure zurückweichenden Truppenteile, eure Städte und Dörfer zu vernichten. Der Aktionsradius unserer Luftwaffe erweitert sich mit jedem Tag: Vom Eismeer über die Wolga zum Kaspischen Meer und in den Süden des Kaukasus paralysiert sie jede Bewegung, ...Eure Front ist schon von unseren Truppen in zwei Teile aufgebrochen, die Kaukasusarmeen abgeschnitten und zerschlagen. Ihr habt Mangel an Munition und Ausrüstung. Die euch ausgefolgte Bewaffnung erwies sich als schlecht ... absolut unbrauchbar. Deshalb glauben viele ... nicht mehr an den Sieg der falschen Sache Stalins ... Eure Lage ist hoffnungslos. Lauf über auf die Seite der Deutschen ...«

Deutsche Flugblätter, die sich mit der militärischen Lage befassten, als Blitzkrieg und Siegeseuphorie bereits Geschichte waren, sind vager gehalten: »Erinnert ihr euch noch an die vorjährigen schweren Kämpfe? Die neue deutsche Offensive wird noch härter und zäher. Seid vernünftig, rettet euer Leben, kommt zu uns.«

»Eure Situation ist hoffnungslos. Immer enger zieht sich der eiserne Ring der deutschen Heere um euch. Euch fehlt es an Munition, an Versorgung, an Lebensmitteln, ... Lauft zu den Deutschen über – Beeilt euch!«

Im Frühjahr 1944 wird die deutsche Propaganda nochmals konkret und versucht sich in Endsieg-Stimmung: Beim Ausbruch der 1.Panzerarmee unter Generaloberst Hans Hube (Siehe Seite 48/49) aus dem Kessel von Kamenez-Podolsk jubelt die deutsche Propaganda: »Schukows Plan ist zusammengebrochen. Die Deutsche Armee nach wie vor stark.« Und auf der Rückseite steht als Aufforderung: »Dieses Flugblatt gilt als Passierschein.«

Auch mit Hinweisen auf die mangelhafte Ausrüstung der Roten Armee wurde versucht Überläufer zu motivieren: »Der Aktionsradius unserer Luftwaffe erweitert sich mit jedem Tag ... sie paralysiert ... jeden Transport von Lebensmitteln und Hilfslieferungen ... Ihr habt Mangel an Munition und Ausrüstung. Die ausgefolgte Bewaffnung erwies sich als schlecht und was ihr noch bekommen werdet, wird noch schlimmerer Ausschuss sein, absolut unbrauchbar [sinngemäß, Wörter unleselich]

1941 setzten die amerikanischen Hilfslieferungen auf der Grundlage des Leih- und Pachtvertrages, das es dem Empfänger erlaubte Kriegsmaterial gegen die Zusage zu erwerben, es nach Kriegsende zu bezahlen, ein. Nachdem Deutschland den Vereinigten Staaten am 11.Dezember 1941 den Krieg erklärt hatte, erreichten die ersten Lieferungen aus Amerika über Wladiwostok, Murmansk und den Persischen Golf die Sowjetunion. Die Überlegenheit der USA als Industriemacht stellte Deutschland auf jeder Ebene in den Schatten, sowohl in Hinblick auf Rohstoffe als auch auf Fertigware und daher ergoss sich ab Winter 1941 eine wahre Flut an Hilfslieferungen über die Rote Armee: Nicht nur Panzer, von denen die Rote Armee selbst an und für sich genug hatte, und Flugzeuge, die allerdings den sowjetischen damals überlegen waren. Bis Kriegsende wurden 427 000 Kraftfahrzeuge geliefert, darunter der Dodge-Zweieinhalbtonner, mit dem die Rote Armee ziemlich alles beförderte, was an der Front benötigt wurde. 2000 Lokomotiven, Waggons, Eisenbahnschienen, aber auch Lebensmittel und Ausrüstungsgegenstände brachten die USA ins Land. So wurden zum Beispiel die sowjetischen Soldaten mit 13 Millionen Paar Winterstiefeln unterstützt. Diese Hilfslieferungen verstärkten natürlich die Kampfstärke der Roten Armee, sie mussten sich aber auch psychologische extrem negativ auf die Deutschen Truppen auswirken, die ja mit so mangelhafter Ausrüstung in den Blitzkrieg geschickt wurden, dass sich die deutschen Soldaten gegen die Eiseskälte des russischen Winter ihre Uniformen mit Papier ausstopften. Ob sich die deutsche Propaganda mit solchen Flugblättern nicht an die Soldaten beider Fronten wandte?

»Der Kriegsgefangene N.S.V. am 22.3.43 in Gefangenschaft geraten, hat erklärt: ›Ein Teil meiner Kameraden erhielt amerikanische Wintermäntel. Beim Betasten fühlten sie sich dicht an, aber in Wirklichkeit rissen sie in den Nähten und wärmten überhaupt nicht. Die Kameraden äußerten häufig die Meinung, dass die Engländer und Amerikaner uns mit schlechtem Material versorgten, damit der Krieg möglichst lang dauert. Russland muss ihrer Meinung nach so viel Blut wie möglich verlieren und schwach werden. England und Amerika wollen die einzigen Sieger werden.«

So schlecht kann die Ausrüstung der Rotarmisten und das amerikanische Material nicht gewesen sein. Denn die ersten Erfahrungen die sie mit den deutschen Soldaten hatten – nachdem sie gefangen worden waren oder übergelaufen sind, man hat ihnen Mäntel und Stiefel weggenommen. Und die Deutschen haben sie selbst angezogen. Vor allem die Stiefel waren begehrt. Das Schuhwerk der Deutschen war oft genagelt und diese Nägel haben bei den extremen Temperaturen im Winter die Kälte von Außen in die Schuhe weitergeleitet. Erfrierungen waren die Folge.

Bei der Formulierung ›England und Amerika wollen die einzigen Sieger werden‹ – spielte da die Hoffnung mit, die Front der Alliierten könnte zerbrechen oder gab es unter den deutschen Propagandisten damals schon Verfechter der Idee, in einem neuen Krieg gemeinsam mit den Westalliierten gegen eine stark geschwächte Sowjetunion den Bolschewismus endgültig zu vernichten. Gegen Ende des Krieges hofften ja vor allem viele überzeugte Nazis mit einer solchen Wende es doch noch schaffen, zu den Siegern zu gehören.

3. Die Sowjetsoldaten sollen sich von den Juden nicht missbrauchen lassen, die im Hinterland sitzen, von dort die Fäden ziehen und es sich gut gehen lassen.

Diese spezielle Form der Propaganda baut auf dem systemimmanenten Antisemitismus des Nationalsozialismus auf. Zum Beispiel eine standardisierte Lüge gepaart mit einer zynischen

Aufforderung: »... Der Jude arbeitet niemals selbst! ... Arbeite und kämpfe weiter für den Juden, damit er weiter im Hinterland ruhig Güter anhäufen und sich seine Taschen vollstopfen kann.«

Zwei Flugblätter stechen aus der Menge heraus. Eines zeigt, wie ein junger und ein alter Russe vor einem Wäldchen und zwei Bauernhäusern friedlich auf einer Bank sitzen. Der alte erzählt im Stile eines russischen Märchens das »... Vermächtnis des Großvaters«: Russland war mächtig, groß, stark und reich. Dann kamen die Juden und ließen sich nieder. Plötzlich gab es Krieg und schuld waren die Juden. Deutsche und Russen waren nie Feinde gewesen. Das Vermächtnis endet mit den Worten: »Unser Land ist reich, wenn es in ihm keinen Platz für die Juden gibt.«

Nicht nur die traditionelle Form des Märchens verwendete die deutsche Propaganda, sie bediente sich auch der Litanei, entweder mit der gleichbleibenden Antwort: »Die Juden!« Oder: »Die Juden und ihre bolschewistischen Mitläufer.« Ein Vorbeter stellte Fragen wie: »Wer hat euer reiches Land zerstört und euch zu Bettlern gemacht?« Der Chor antwortet dann: »Die Juden!«. 21 gleiche Antworten hat die Litanei und 21 Fragen: »Wer hat die besten Wohnungen an sich gerissen?«, »Wer hat eure Frauen und Töchter geschändet und ihnen Gewalt angetan?«, »Wer hat den Krieg erklärt?«, »Wer hat das Paradies versprochen und die Hölle geschaffen?« und so weiter. Die Antwort ist immer die selbe: »Die Juden!«

Eine andere ›Litanei‹ wandte sich mit sechs Fragen direkt an die Ukrainer: »Ukrainer! Wer hat über euch geherrscht? Wer hat euch Blut, Tränen und Hunger gebracht? Wer hat euch bis zum letzten Tropfen ausgepresst?«. Auch auf diese Fragen folgt immer dieselbe Antwort: »Die Juden und ihre bolschewistischen Mitläufer.«

Ein anderes Flugblatt, das sich ebenfalls direkt an die Ukrainer richtete, versucht mit falschen Tatsachen eine Argumentationskette logisch aufzubauen:

-Der sowjetische Staat ist ein jüdischer Staat.

-Um die jüdische Herrschaft zu verschleiern hat man einen Nichtjuden an die Spitze gestellt: Stalin.

-Damit niemand erfährt, dass die anderen Führer auch Juden sind, haben sie ukrainische und russische Namen angenommen.

-In der Sowjetunion herrscht schlimmster staatlicher Kapitalismus.

-Für diesen staatlichen Kapitalismus müssen die ukrainischen Bauern und Arbeiter hart arbeiten.

-Auf Kosten der Arbeiter und Bauern in der Sowjetunion haben die Juden ihr Vermögen vermehrt und ein luxuriöses Leben geführt.

Die Argumente sind nur dann formal logisch, wenn man Kapitalist mit Jude gleichsetzt. Wobei es den Nazis nicht um einen Kapitalismus Begriff im ökonomischen, wissenschaftlichen Sinne ging, sondern sie bedienten sich eines vulgären Bildes vom Kapitalisten, wie er auch von den Zeichnern und Karikaturisten das frühen 20sten Jahrhunderts geprägt wurde: Dicker Bauch, Anzug und Krawatte, Zigarre und Sektglas in der Hand und vielleicht eine schlanke Blondine am feisten Schenkel. Aus diesem Standardmodell wird schnell ein anderer Typus: gekrümmte Nase, fliehende Stirn, Brille, billiger Anzug, schlampiges Äußeres, der dicke Bauch bleibt vielleicht auch die Zigarre und die Blondine. Der Nationalsozialismus hat die Ideen des antikapitalistischen Sozialfaschismus, den zumindest ein Teil der Nazibewegung eine Zeit lang propagierte, nach der Machtübernahme rasch abgestreift. Die Annahme, solche antikapitalistischen Äußerungen, die sich auch in diesen Kriegsflugblättern finden, lagen politische Überlegungen zu Grunde, ist falsch. Aber der einfache Arbeiter und Bauer, der sein Leben lang schuftet, mag keinen schmarotzenden Kapitalisten. Das nützt die Nazi-Propaganda für ihren Antisemitismus. Da die Nazis die Sowjetunion als einen jüdischen Staat bezeichneten, und die Juden als Kapitalisten, war die Formulierung ›in der Sowjetunion herrschte staatlicher Kapitalismus‹ für die Nazis schlüssig und daher geht die Argumentationskette in diesem Flugblatt weiter:

-Adolf Hitler ist selber ein Arbeitersohn.

-Er hat deutsche Arbeiter und Bauern von jüdischer Ausbeutung befreit und ist dem blutigen Angriff von Stalin, eurem Schlächter und jüdischen Vetter, zuvor gekommen.

-Adolf Hitler hat Juden und deren bolschewistische Mitläufer verjagt. Helft die Folgen dieses unglücklichen Krieges zu überwinden.

-Dann wird euch ein besseres und glücklicheres Leben gesichert.

Dieses Flugblatt stammt offensichtlich aus der Zeit, als die Deutsche Wehrmacht die Ukraine noch besetzt hielt. Mit der Formulierung »unglücklicher Krieg« tat die deutsche Propaganda ganz so, als wäre Nazi-Deutschland unschuldig gewesen an dem Krieg und wies damit die Kriegsschuldfrage in einem Nebensatz der Sowjetunion zu. Diese Methode erinnert an den entsprechenden Absatz in Hitlers »Mein Kampf«, wo er der deutschen Propaganda vorwarf, sie hätte schon im Ersten Weltkrieg – trotz besseren Wissens – die Kriegsschuldfrage den Alliierten zuweisen müssen.

4. Nach ihrem Sieg werden die Deutschen in der Sowjetunion eine zweite Revolution machen, dann gibt es eine gerechte Gesellschaftsordnung.

Offensichtlich erkannten einige Propagandisten der Deutschen Wehrmacht, dass bloße Negativ-Propaganda – gegen Juden, gegen Bolschewisten, gegen Offiziere, gegen Kommissare –

nicht zielführend war, deshalb wurden in einzelnen Flugblättern Szenarien entwickelt, wie lebenswert der Alltag in Russland nach dem Sieg der Deutschen Wehrmacht und unter ihrer Herrschaft sein werde:

»Die deutsche Armee kämpft für eine neue Ordnung anstelle des alten, des kommunistischen Systems, für Brot statt Hunger und Elend. Die Rückkehr des Gutsbesitzers und Kapitalisten wird nicht zugelassen. Bauernhöfe ... und zu den Gehöften gehörende Grundstücke werden den Bauern in volles Eigentum übergeben und werden keinen Steuern und Angaben unterworfen. Unter der Voraussetzung des Einbringens einer guten Ernte und einer erfolgreichen Aussaat im Herbst werden die Grundstücke der Bauern in ihrer Größe verdoppelt. Diese Bauern erhalten die Möglichkeit die Menge des Viehs entsprechend zu vergrößern. Für die betreffenden landwirtschaftlichen Produkte ehemaliger Kolchosfelder und Felder im Einzelbesitz werden die deutschen Behörden harte und gerechte Preise zahlen, erheblich höher als die Preise der staatlichen Erzeuger. Außerdem werden die Deutschen die Freiheit der Religion wieder herstellen.« Und daher – die Schlussforderung steht auf einem anderen Flugblatt: »Eure heilige Pflicht ist es eine zweite Revolution für das Glück Russlands, Eurer Familien zu beginnen ...«. Dass die »Volk ohne Raum«- Ideologen für die Ostgebiete ganz anderes vorsah, nämlich die Ansiedlung von Volksgruppen, die ihnen »rassisch brauchbarer« schienen, als die ansässige Bevölkerung, wurde logischerweise verschwiegen.

Noch erfreulicher klingt das Versprechen: »Auch Euch wird im Falle eines Wechsels auf die deutsche Seite ein korrekter Empfang erwiesen und ein gleichberechtigter Platz in der freundschaftlich verbundenen Völkerfamilie des neuen Europa zugesichert, ohne Juden, Bolschewiken und Kapitalisten.« Die

Formulierung von der »freundschaftlich verbundenen Völkerfamilie« erinnert unmissverständlich an die sozialistische Forderung nach »Völkerfreundschaft« und zeigt den Versuch einer verbalen Annäherung an Werte, die in der Sowjetunion allseits präsent waren, ebenso das Versprechen, keine Güter an Gutsbesitzer und Kapitalisten zurückzugeben aber dafür den Grund und Boden unter den Bauern aufzuteilen. Solche Formulierungen sollten offensichtlich einen Grundkonsens mit der Bevölkerung der Sowjetunion aufbauen, um dann in der nationalsozialistischen Ideologie fortzufahren: Europa ohne Juden, Bolschewiken und Kapitalisten. Mit »Kapitalisten« waren wohl die »Kapitalisten-Juden« gemeint im Gegensatz zu den armen Juden, für die ja – sowohl als auch – in der neuen »Völkerfamilie« kein Platz vorgesehen war.

Und die Formulierung »Die Deutschen machen sich in den von ihnen besetzen Gebieten an die Lösung der Landwirtschaftsfrage.« mag für viele russische Bauern eher Drohung als Versprechung gewesen sein, denn das, was die Deutsche Wehrmacht dringend brauchte, war Proviant für ihre Soldaten. Deshalb versprach man den russischen Bauern Grund und Boden, sollten sie eine möglichst ertragreiche Ernte einbringen.

Das »Dritte Reich« brauchte aber auch Arbeitskräfte für die Heimatfront. Wer sich in den besetzten Gebieten zu einem Arbeitseinsatz im »Reich« entschlossen hatte, konnte sich bei den dafür eingerichteten deutschen Arbeitseinsatzbehörden melden. Der Erfolg hielt sich in Grenzen. Deshalb wurden regionalen bzw. kommunalen Gebietskörperschaften bestimmte Quoten von »Freiwilligen« auferlegt. Wurde das Quotum nicht erfüllt, griffen deutsche Sicherheitskräfte einfach die fehlenden Menschen in den betreffenden Dörfern oder den Gütern auf. Die noch rücksichtslosere Variante bestand in Razzien, die überall stattfanden: in Dörfern, städtischen Wohnvierteln, Cafès oder Kinos. Wer nicht durch entsprechende Papiere nachweisen konnte, dass er beschäftigt war, wurde einfach mitgenommen und zur nächsten Sammelstelle gebracht. Bis zum Abtransport hatten die Familienangehörigen Gelegenheit den Festgehaltenen Reiseproviant, Kleidung und Hygieneartikel mitzugeben. Der Transport Richtung Westen erfolgte normalerweise in geschlossenen Güterwagen, ein Kübel in der Ecke diente zur Verrichtung der Notdurft. In bestimmten Durchgangslagern wurden die Deportierten entlaust und medizinisch auf Tauglichkeit untersucht. Bei der Ankunft in Deutschland erfolgte nochmals eine Entlausung und danach der Abmarsch oder der Transport zu den jeweiligen deutschen Einsatzträgern, also privatwirtschaftliche Unternehmen vom Bauern bis zum Großkonzern, öffentliche Betriebe, Kommunen, kirchliche Einrichtungen. Diese Zivilarbeiter aus der Sowjetunion, die sogenannten »Ostarbeiter« mussten ab 1942 ein »Ost«-Abzeichen tragen, damit waren sie öffentlich gekennzeichnet, als Angehörige einer »minderwertigen Rasse«.[31]

5. Die einfachen Soldaten der Roten Armee werden von ihren Vorgesetzten schlecht behandelt! Weshalb dann in dieser Armee weiterkämpfen?

Die stereotype Unterteilung der Roten Armee in den dumpfen einfachen Soldaten, den intelligenteren Offizier, den brutalen jüdischen Kommissar und den in der Etappe schmarotzenden Juden mit hohem militärischem Rang, bestimmte von Beginn an die nationalsozialistische Propaganda.

Dem entsprechend ist dann auch ein Flugblatt verfasst, in der folgende Geschichten erzählt wird: der einfache Soldat, ein 22jähriger Rotarmist aus dem 176er Gardeschützenregiment soll sich beim Sprung in den Schützengraben an zwei Fingern verletzt haben. Das Wort Selbstverstümmelung kommt zwar nicht im Text vor, wird aber suggeriert, und deshalb wird er von seinen Vorgesetzten (Typ: intelligenter Offizier, brutaler jüdischer Kommissar) verurteilt und vor 400 Soldaten der 196sten Reserveschützenkompanie mit Genickschuss hingerichtet. Die exakte Nennung der Einheiten soll offensichtlich die Echtheit des Berichtes auf dem Flugblatt beweisen.

In der ersten Geschichte fehlt noch »der in der Etappe schmarotzende Jude mit hohem militärischem Rang«. Er kommt im selben Flugblatt weiter unten vor: als Kommandant der 13. Motorisierten Brigade Oberst Afanas'jev. Von ihm wird berichtet, er soll junge Mädchen, Sani-Instruktorinnen, der Reihe nach vor sich antreten lassen – zum geplanten sexuellen Missbrauch. Damit sind alle vier stereotypen Menschengruppen der Roten Armee – aus nationalsozialistischer Sicht – in dem Flugblatt erfasst.

Deutsche Mannschaften und Offiziere, die mit sowjetischen Gefangenen und Überläufern unmittelbar in Berührung kamen und sich mit ihnen auseinandersetzten, dürften erkannt haben, dass diese stereotype Einteilung nicht der Realität entsprach: »Durch die Vernehmung zahlreicher Politruks und Kommissare konnte ein Bild über ihre Persönlichkeit gewonnen werden. Vor allem wurde dabei immer wieder klar, dass der gefangene oder übergelaufene Politruk oder Kommissar im allgemeinen nicht der brutale Bolschewist unserer Propaganda, sondern oft ein Typ ist, der deutlich über dem Niveau des normalen Sowjet-Menschen steht … Es ist deshalb der mehrfache Hinweis glaubhaft, dass Politruk und Kommissar häufig der Kamerad des Soldaten ist und ihm meist viel näher steht, als der Offizier. Besonders der Front-Politruk kennt die Sorgen und Nöte des Rotarmisten gut … Politruks und Kommissare aller Typen betonen daher vermutlich mit Recht, die deutsche Propaganda gehe fehl, wenn sie Zwietracht und Hass zwischen Soldaten und politischen Arbeitern hervorzurufen sucht. Der häufige Hinweis auf ›Juden-Kommissare‹ schlägt auch nicht durch. Unter den Kommissaren und Politruks an der Front gibt es kaum Juden.«[32] Diese Einschätzung dürfte nur zum Teil Änderungen bei der Wehrmachts-Propaganda bewirkt haben. An den extrem diskriminierenden Darstellungen »jüdischer Kommissar« hat sich offenbar nichts geändert. Geändert hat sich allerdings, dass in manchen Flugblättern, neben Soldaten/Rotarmisten und Kommandanten auch die Politarbeiter, die im nationalsozialistischen Sinn abgeschwächte Bezeichnung für Kommissare, direkt angesprochen werden, um sie zum Überlaufen zu bewegen und auch ihnen wurde all das für die Gefangenschaft versprochenen, was allen anderen Rotarmisten versprochen wurde – gehalten wurden diese Versprechungen so oder so nicht.

Aber nicht nur die falsche Beurteilung der Kommissare und ihrer Stellung innerhalb der Einheiten der Roten Armee von Seiten der deutschen Propaganda wurde von der Truppe kritisiert, seit September 1941 wurde generell und immer wieder die Zweckmäßigkeit und Berechtigung des Kommissarbefehls bezweifelten. Nicht aus humanistischen Gründen sondern aus militärischen Überlegungen forderten die deutschen Generäle eine Änderung des Befehls. Sie argumentierten, die Liquidierung der Politkommissare wäre den Gegnern nicht verborgen geblieben, die sowjetischen Truppen leisteten deshalb anhaltenderen Widerstand und wären bei Einkesselungen nicht bereit vorzeitig zu kapitulieren. Hitler lehnte es jedoch am 26. September 1941 ab, den Befehl zu ändern. Schließlich zeigten die Einwände doch Wirkung. Unter dem 6. Mai 1942 heißt es im Kriegstagebuch des Oberkommandos der Wehrmacht:

»Um die Neigung zum Überlaufen und zur Kapitulation eingeschlossener sowjetischer Truppen zu steigern, befiehlt der Führer, dass den (…) Kommissaren und Politruks zunächst versuchsweise in solchen Fällen die Erhaltung ihres Lebens zugesichert werden kann.«[33]

Damit war der Kommissarbefehl außer Kraft gesetzt und wurde nie wieder erlassen, aber was bedeutete schon Recht in einem Unrechtsstaat. Die Kommissare wurde nicht mehr an und Ort und Stelle erschossen, sondern in Lager und KZs gebracht und dort liquidiert.

6. Während die Rotarmisten an der Front sind, blutet das Hinterland unter sowjetisch/jüdischer Knechtschaft.

Mit dem Titel des Flugblattes »Juden fressen wie Ratten die Würde des Volkes auf!« hat der Propagandist eine antisemitische Meisterleistung vollbracht, indem er zwei Ebenen gekonnt zu einer Headline zusammenführte: Die Ratte, ein Nagetier, dem die Wissenschaft große körperliche Widerstandfähigkeit und sehr hohe Anpassungs- und Lernfähigkeit zuschreibt, gilt allgemein als ekelerregend und da sie Allesfresser ist, auch als unersättlich. Die Zeichnung auf dem Flugblatt über der Headline unterstreicht dieses Bild: Im Hintergrund ein Davidstern, davor den Davidstern fast zur Hälfte verdeckend, eine fettgefressene, listig zum Betrachter schauende Ratte. So wie die Ratte dargestellt ist, verbreitet sie Unbehagen bis Ekel. Die Juden essen also nicht, sie fressen und zwar den anderen fast alles weg – das ist die eine Ebene, die materialistische. Die andere ist die ideologische: die Juden nehmen dem Volk die Würde. Wie nimmt man einem Volk die Würde: indem man es knechtet, es permanent demütigt, missbraucht, ihm den sozialen Aufstieg nimmt.

Dazu folgender Text: »Rotarmist! Die Juden sind die gemeinsten, gefährlichsten Nagetiere, die die Grundlagen unserer Welt aushöhlen. Du kämpfst für sie, in einer unfassbaren Menge opferst du Gut, Gesundheit, Leben, damit sie sich im Hinterland anfressen und ihre Taschen vollstopfen … Vernichte diese Geisel der Menschheit und du beendest den Krieg!« Hitler-Deutschland hat diesen Krieg begonnen, auch mit der Forderung nach »Mehr Raum im Osten«. Erst nach Erreichen dieses Zieles, wollten die Nazis den Ostfeldzug beenden. Dass es die Rotarmisten selbst in der Hand gehabt hätten, den Krieg zu beenden – nach Vernichtung der jüdischen Bevölkerung in der Sowjetunion – war eine glatte Propagandalüge: Friede hätte es erst nach dem »Endsieg« gegeben.

1944 muss dieses Flugblatt – mit der Überschrift »3 Jahre Krieg – und wo ist der Urlaub? – gestreut worden sein: »Warum wird Euch, den Soldaten und Kommandanten, die ihr schon drei Jahre an der Front steht, kein kurzer Urlaub daheim bei der Familie gegönnt? ... weil ihr nicht wissen und sehen sollt, was im Hinterland zu Hause passiert. Drei Jahre kennen Eure Frauen und Kinder keinen Tag an dem sie satt wurden und die Städte und Dörfer sind überfüllt mit jüdischen Spekulanten, die auf Kosten der Arbeit Eurer Familien leben. Diese jüdischen Spekulanten zwingen russische und ukrainische Frauen und Mädchen, Frauen von Kommandanten und Rotarmisten für ein Stück Brot ihnen ihren Körper zu verkaufen … Rettet das Vaterland von den jüdischen Schurken … Dieses Flugblatt gilt als Passierschein.«

Die Methode, die Kampfkraft des Gegners zu schwächen, indem man versucht ihm einzureden, seine Frau zu Hause – freiwillig oder erzwungen – haben Sex mit dem Gegner oder anderen Männern, ist keine Erfindung des Zweiten Weltkriegs. Durch die massenhafte Verbreitung von Propagandamitteln, die technisch erst in diesem Krieg möglich war, bekommt auch diese Methode eine neue Dimension. Die Deutsche Wehrmacht praktizierte das auch an der Westfront. Eine nackte junge Frau am Bett. Ein amerikanischer Soldat steht daneben. Sie zieht sich einen Strumpf an, er richtet sich die Krawatte. Der Akt ist offensichtlich schon vollzogen. Der Text dazu: »While you are away,«. Von einer Flugblattserie, die den Titel trägt »The Girl You Left Behind« sind zwei Exemplare bekannt: Einmal zeigt es einen jungen Mann und eine junge Frau, offenbar vor einem Kuss. Sie in lasziver Haltung. Man sieht das Strumpfband. Ein Glas ist umgefallen. Eine Flasche liegt am Boden. Der Mann hat seine linke Hand auf ihrem Oberschenkel: »Joan is feeling so lonely anyway …«. Im Hintergrund steht ein zweiter Mann – ihr eigener? – vor einem halbgeöffneten Fenster eines fahrenden Zuges?

Auf dem anderen Flugblatt kommt ein Amisoldat auf Krücken mit nur einem Bein nach Hause und ertappt seine Frau, wie sie mit einem Anderen in einen fetten Ami-Schlitten steigt: »It was a rude awaking for her …«. Während es an der Westfront »normale« Männer und Soldaten waren, die sich in der Heimat mit den Frauen der Soldaten an der Front vergnügten[34], konnten es – der Nazi-Ideologie entsprechend – im Osten nur Juden sein. Diese Form von Wehrkraftzersetzung war wohl eine der infamsten. In jedem Krieg haben die Soldaten an der Front für die Frauen und Kinder zu Hause gekämpft. Wenn jetzt vom Gegner suggeriert wird, die Soldaten, die gerade ihr Leben für die Menschen zu Hause riskieren, werden von ihnen betrogen, dann muss das Vertrauen zur Geliebten schon sehr stark sein, um nicht durch diese gegnerische Propaganda an Kampfeswillen zu verlieren.

Einigen Kriegsflugblättern kommt besondere Bedeutung zu. Zum Beispiel dem Flugblatt mit dem Code 150 RA und der Überschrift: »Schlag den jüdischen Politruk, die Fresse bettelt um einen Ziegel!« Das Flugblatt wurde bereits erwähnt (Siehe Seite 166–169) und das nicht zufällig. 160 Millionen Mal wurde es gedruckt – mindestens. Denn es gibt von demselben Flugblatt Exemplare mit anderen Codes, die daher nicht mitgezählt wurden. Eingesetzt wurde es im Rahmen einer Propaganda-Großaktion im September 1941 – also noch vor dem ersten Kriegswinter im Osten.

Am 18.September 1941 schreibt die Abteilung 1c der Heeresgruppe Süd an die Abteilung Wehrmacht Propaganda: »Zu dem mit obigem Schreiben zur Kenntnisnahme übersandten Flugblatt Nr.150 RA hat die Heeresgruppe folgendes zu bemerken: Der russische Text stellt eine buchstäbliche Übersetzung des deutschen Wortlautes dar. Dadurch kommt ein völlig unrussischer Satzbau zustande und eine Ausdrucksweise, die durch diesen Mangel in ihrer propagandistischen Wirkung schwer beeinträchtigt wird. Aber abgesehen von der sprachlichen Seite des Textes geht das Flugblatt auch inhaltlich von einer unrichtigen psychologischen Voraussetzung aus. Der Gedankengang bewegt sich allzu einseitig in deutscher Denkweise. Darüberhinaus ist diesseits wiederholt zum Ausdruck gebracht und auch durch Befragung intelligenter Gefangener bestätigt worden, dass die bisher vielfach angewandten üblen Beschimpfungen von den Russen als viel zu grob und plump empfunden werden …«[35]

Die Abteilung Wehrmacht Propaganda antwortete am 30.September 1941 an die Heeresgruppe Süd: »Das OKW kann die dortige aus dem Schreiben vom 18.9. hervorgehende Beurteilung des russischen Textes des Flugblattes 150 RA nicht teilen. Das Blatt wurde zunächst russisch geschrieben und nicht aus dem Deutschen übersetzt. Die Bemerkung, dass der Satzbau oder die

Ausdruckweise unrussisch sei, trifft auch nicht nach erneuter Prüfung des Flugblattes durch russische Schriftleiter nicht [sic!] zu. Auch den psychologischen Erwägungen der Heeresgruppe vermag sich das OKW nicht ganz anzuschließen. Das Flugblatt 150 RA ist als Vorratsflugblatt zur Verwendung gegen eingeschlossene Verbände bestimmt; es muss daher zeitlos und in den verschiedensten Lagen verwendbar sein. Eine besonders üble Beschimpfung enthält das Blatt nicht. Die russische Redewendung ›Seine Fresse schreit nach einem Ziegelstein‹ entspricht etwa dem deutschen Ausdruck ›Er hat ein Ohrfeigengesicht‹. Diese Parole erfüllt drei propagandistische Anforderungen: sie prägt sich leicht ein, ist nach russischer Mentalität komisch und wirkt zersetzend. Die angezogenen Gefangenenaussagen sind nach Ansicht von WPr kein Beweis für die Unrichtigkeit der deutschen Propaganda. Abgesehen davon, dass WPr im Ostfeldzug bereits über 50 verschiedene Flugblätter ausgegeben hat, die nach Möglichkeit den – sich oft widersprechenden! – Wünschen der Truppe und den besten Kennern angepasst sind, ist schon aus dem Westfeldzug bekannt, dass das Urteil gefangener höherer Offiziere über die deutschen Flugblätter keineswegs immer der tatsächlichen, durch zahlreiche andere Gefangenenvernehmungen und der erbeuteten Berichte festgestellten Wirkung entspricht. Oft werden mit wohlüberlegter Absicht von Gefangenen, besonders von Offizieren, bewusst falsche Angaben gemacht … Dem OKW ist es bekannt, dass das eine oder andere der von OKW/WPr hergestellten Flugblätter Druckfehler und sprachliche Unebenheiten enthält, die in der Regel auf die große Eile zurückzuführen sind, mit der bestimmte Wünsche erfüllt werden mussten. Die inzwischen bereitgestellten Flugblattvorräte werden es ermöglichen, der Herstellung neuer Flugblätter noch mehr Zeit und damit auch erhöhte drucktechnische Kontrollmöglichkeiten zu widmen. Anregungen der Truppe für die Ausgestaltung der Flugblattpropaganda werden von OKW nach wie vor begrüßt.«[36] Die Einschätzung der Wirkung von 150 RA »prägt sich leicht ein, ist nach russischer Mentalität komisch und wirkt zersetzend« zeigt verblüffend, wie sehr sich die deutsche Propaganda an ihre eigenen Regeln hielt. Verblüffend deshalb, weil bei nur oberflächlicher Betrachtung von 150 RA, gar nicht auffällt, wie sehr dieses Blatt durchdacht ist.

Durch ein Missgeschick eines deutschen Lastkraftwagenfahrers wurde dieses Flugblatt auch noch Gegenstand eines kriegsgerichtlichen Verfahrens: Ein Flugblattbündel war in Berlin von einem Lastwagen auf die Straße gefallen. Durch das Vorbeifahren eines Straßenbahnwagens wurde der Paketinhalt aufgewirbelt zerstreut. Mit seinen Begleitern versuchte der Kraftfahrer, soviele Flugblätter wie möglich wieder zusammenzusammeln. Ein Polizeibeamter bemühte sich gleichzeitig die Passanten am Aufsammeln zu hindern, was nicht ganz gelang. Bei der Einvernahme erklärte der Fahrer: »Ich glaube nicht, dass diese Flugblätter von meinen Mitfahrern, die sich rückwärts befanden, absichtlich aus dem Wagen geworfen worden sind.«[37] Deutsche Kriegsflugblätter fielen in Deutschland unter die Geheimhaltungspflicht.

Die Flugblätter mit den Codes 216 B und 217 B sind in der vorliegenden Sammlung aus Cherson nicht vorhanden. (Siehe Seite 186–193) Sie betreffen aber die militärische Taktik der »verbrannten Erde«, eingesetzt von beiden Armeen bei ihrem jeweiligen Rückzug. Zwei Wochen nach Beginn des deutschen Angriffs auf die Sowjetunion befahl Josef Stalin, die wirtschaftlich kriegswichtige Infrastruktur in den Osten der Sowjetunion zu verlegen und alle Güter in den von der Deutschen Wehrmacht bedrohten Gebieten zu zerstören, die diese hätte nutzen können. Im Gegenzug befahl Adolf Hitler kurz nach der Niederlage von Stalingrad, als die Deutsche Wehrmacht sich immer mehr zurückziehen musste, die Zerstörung von Waffen und Gerät und die Vernichtung aller Dörfer und Unterkunftsmöglichkeiten. Die Deutsche Wehrmacht verbrannte daher Städte und Getreidefelder, begann mit Massenevakuierungen und trieb das Vieh herdenweise in den Westen.

Solang die Deutsche Wehrmacht im Vormarsch war, versucht sie die Bevölkerung genau von diesen Vernichtungsaktionen abzuhalten – auch mit Flugblättern (B in den Flugblattcodes steht für Bevölkerung). Bedeutete verbrannte Erde doch die Zerstörung von Lebensmitteln aller Art, von Ernte, Viehbestand, Futtermittel, Lebensmittelvorräten, von Wohnungen, Wohnhäusern, Stallungen aber auch von Straßen, Brücken und Industrieanlagen. Alles Werte, die auch die Deutsche Wehrmacht brauchen konnte.

Die Flugblattserie, die die deutsche Propaganda produzierte, platzierte sie hinter der Front im noch nicht eroberten und besetzten Gebiet. Darin forderte sie die sowjetische Bevölkerung auf – im angeblich eigenen Interesse – diese Zerstörungen und Vernichtungen zu unterlassen:

»Bürger! Wie wollt ihr diesen Winter überleben, wenn ihr, dem Befehl Stalins folgend, alle Ernährungsvorräte verbrennt oder vernichtet. Wir wollte ihr das Leben eurer Frauen und Kinder erhalten, wenn ihr den Befehl ausführt, ›dem Gegner nicht ein Kilo Getreide zu hinterlassen‹, wenn ihr laut Stalins Befehl ›bedingungslos alles Getreide vernichtet, das nicht mehr weggeschafft werden kann‹?«

»Bürger! Lasst nicht zu, dass die Stalinknechte des NKWD. und die Vernichtungsabteilungen eure Häuser, euer Brot, eure Fabriken und Werkstätten niederbrennen.«

»Nein! Die Vernichtungsaktion ist ein Verbrechen, das sich ausschließlich gegen die friedliche Zivilbevölkerung richtet. Die Sowjetmacht wird bald zusammenbrechen, aber das Volk wird und muss weiterleben. Ohne Brot und ohne Arbeit ist aber kein Leben denkbar. Denkt an den Winter! Mit der Vernichtung kommt Hunger und Elend.«

Die Appelle der deutschen Propaganda dürften keine allzu großen Erfolge gehabt haben, und so schreibt die Abteilung Wehrmacht Propaganda am 27.Oktober 1941 an die Armeen, Panzerarmeen, Panzergruppen und Luftflotten: »Trotz gewisser Erfolge der deutschen Propaganda muss immer wieder erneut festgestellt werden, dass der Stalinaufruf zur Zerstörung der Lebensmittelvorräte und Industrieeinrichtungen von der sowjetischen Zivilbevölkerung doch noch vielfach befolgt wird. Die Propaganda zur Bekämpfung dieser Gefahr muss deshalb erheblich verstärkt werden. Das Oberkommando der Wehrmacht (Abt. WPr) hat für diesen Zweck eine Serie von 6 Flugblättern vorbereitet, in denen die Bevölkerung hinter der bolschewistischen Front von der Ausführung des Stalin'schen Vernichtungsbefehls gewarnt wird. Vor allem wird der Bevölkerung vor Augen geführt, dass eine Befolgung des Vernichtungsbefehls nicht der deutschen Wehrmacht schadet, die sich durch Nachschub aus Deutschland versorgt, sondern die Bevölkerung selbst trifft. Für jedes an der Ostfront eingesetztes AOK und für jede Panzerarmee und – gruppe werden je 1 Million Flugblätter, für jede der drei Luftflotten je 2 Millionen Flugblätter bereitgestellt. Die Flugblattserie ist für die Armeen, Panzerarmeen und – gruppen in Paketen, für die Luftflotten in Stangen verpackt. Sämtliche Pakete und Stangen enthalten eine Mischung aller 6 Flugblattmuster. Zur Erreichung des beabsichtigten Zweckes ist es notwendig, dass die Armeen, Panzerarmeen, Panzergruppen und Luftflotten den Einsatz selbständig in der Weise regeln, dass möglichst jedem in das Hintergelände der bolschewistischen Front fliegenden Flugzeug, vor allem den Aufklärungsflugzeugen, eine mit den anderen Aufgaben vereinbare Flugblattmenge mitgegeben wird. OKW/WPr wird die Flugblätter den Luftflotten direkt mit Eisenbahn zuführen. Für die Armeen, Panzerarmeen und -gruppen werden die Flugblätter ebenfalls durch Eisenbahn bis zu den Prop. Verbindungsstellen (OKW/WPr) zugeführt, von wo sie mit LKW's abzuholen sind, sobald die Flugblattoffiziere den Armeen das Eintreffen des Flugblattmaterials mitgeteilt haben.«[38]

Als die deutschen Armeen in die Gegenrichtung - nach Westen - ziehen mussten und Hitler auch Schienenwege und Straßen zu sprengen befahl, waren die Sprengkommandos oft nicht in der Lage alle Befehle auszuführen. Vor allem gelang es ihnen nicht das Straßennetz unbrauchbar zu machen. Das ermöglichte ein rasches Vordringen der Roten Armee Richtung Berlin.

Was die Rote Armee bei ihrem Rückzug nicht mehr zerstören hatte können. Das erledigten für sie die Partisanen. Ein Flugblatt wieder aus der Sammlung Cherson - in ukrainischer Sprache abgefasst - richtet folgenden Appell an die Zivilbevölkerung:

»Rote Banditen - der letzte Trumpf Stalins.

... Wissend, dass seine letzte Stunde kommt, greift Stalin zur letzen Chance, mit der Hilfe von Verbrecherbanden, die von bezahlten Volksfeinden geführt werden und die ohne sich zu genieren, Partisanen nennen, versucht er, das zu erreichen, was ihm in keinem Schlachtfeld von regulären Armeen gelungen ist. Mit Lügen versuchen die roten Räuber mit allen Kräften die Bevölkerung auf ihre Seite zu ziehen. ... Hüten Sie sich vor den stalinschen Banditen. Bekämpfen Sie sie mit allen Mitteln. Seien Sie aufmerksam und vorsichtig und verfolgen Sie ihre verbrecherischen Pläne. Schlagen Sie sie, wo sie sie treffen und versuchen Sie sie zu fangen. Wenn Sie selber das nicht schaffen, dann rufen Sie Deutsche zu Hilfe. Erzählen sie alles, was Sie über die sogenannten Partisanen wissen ...«

Der Aufruf zum Denunziantentum war ja im Dritten Reich allgemein üblich. Warum nicht auch in den besetzten Gebieten. Ob es da auch zu einem so beliebten wie brutalen Fast-Volkssport geworden ist, wie im »Altreich«?

Gezeichnet ist das Flugblatt mit »Bund des Wiederaufbaus der Ukraine«, offensichtlich eine Organisation ukrainischer Nationalisten, die sich seit dem Ende das Ersten Weltkriegs in unterschiedlichen Formationen zusammengeschlossen haben. Schon 1920 wurde die »Ukrainische Verteidigungsorganisation« gegründet, die sich 1929 mit dem »Bund der Ukrainischen Nationalistischen Jugend« zur »Organisation Ukrainischer Nationalisten« zusammenschloss. Diese OUN, spaltete sich aber 1940 wieder. Aus einem Teil formierte die Wehrmacht zwei Bataillone: »Nachtigall« und »Roland«, die ab 1941 am Krieg gegen die Sowjetunion teilnahmen. Doch ein Teil der Mitglieder der OUN konnte sich mit der Politik des nationalsozialistischen Deutschland nicht identifizieren und flüchtete vor der »Fremdarbeiter-Rekrutierung« der Deutschen in die Wälder von Polesien und Wolhynien. Aus ihnen entstanden Partisaneneinheiten, die sowohl gegen die Deutsche Wehrmacht als auch gegen die Rote Armee kämpften. Diese Auseinandersetzungen erreichten ihren Höhepunkt im Sommer 1944, als sich Deutsche Wehrmacht, Rote Armee und OUN gegenseitige Gefechte um die Kontrolle über die Karpatenpässe lieferten. Aus dem Jahr 1942 ist ein Flugblatt der OUN belegt, dass ihren Standpunkt, positioniert zwischen allen Fronten, belegt. »Wir wollen nicht für Moskau, die Juden, die Deutschen und andere arbeiten, sondern für uns.« [39]

Über die militärische Bedeutung der Partisanenarmeen und – Verbände hinter den Deutschen Linien geben die Experten unterschiedliche Stellungnahmen ab. Jedenfalls haben die Partisanen immer wieder zum Teil auch starke Verbände der Deutschen gebunden und durch die Zerstörung von Straßen, Brücken, Bahneinrichtungen, militärischen Depots den für die Front wichtigen Nachschub verzögert.

Das Flugblatt 885/III,44 ist ein ukrainisches Flugblatt, es fordert die Ukrainer auf: »Komm her! Dein Platz ist bei uns! Wlassow Armee«. Bei dem schnellen Vordringen der Deutschen Wehrmacht 1941/1942 gerieten hunderttausende sowjetische Soldaten und Bürger aus der Ukraine in deutsche Kriegsgefangenschaft. Ein Teil versuchte dem Hunger in den Kriegsgefangenenlagern zu entkommen und erklärten sich daher bereit, unter deutschem Kommando gegen ihre ehemaligen Kameraden zu kämpfen, andere waren überzeugte Gegner der Sowjetunion und gingen aus diesem Grund zu den Deutschen über. Ab 1942 begann Hitler-Deutschland diese Soldaten gezielt in eigene Einheiten einzugliedern, die an der Ostfront an der Seite deutscher Einheiten gegen die Rote Armee kämpften. Diese Einheiten wurden zur sogenannten »Russischen Befreiungsarmee« zusammengefasst, nach ihrem Kommandeur auch Wlassow Armee genannt. Die Idee der deutschen Propaganda war: Angehörigen von nicht-russischen Nationalitäten, die aber damals im Gebiet der Sowjetunion lebten, den Eindruck zu vermitteln, sie würden von Hitler befreit und sollten dafür aus Dankbarkeit gegen Stalin kämpfen. In einem anderen Flugblatt, das zum Überlaufen auffordert, werden neben der russischen Befreiungsarmee auch ukrainische, kaukasische, turkestanische, tatarische Befreiungstruppen und solche der Kosaken erwähnt.

In bezug auf den Antisemitismus unterscheidet sich, das Flugblatt 885/III,43 kaum von den deutschen Flugblättern: Die Juden werden als die Kriegstreiber hingestellt, die aus dem sicheren Hinterland die Greise, Frauen und Kinder an die Front schicken; die anglo-amerikanischen Kapitalisten, »… in ihrer Mehrheit … jüdischer Herkunft …« wollen die Rote Armee ausbluten; die Juden wollen den Untergang Russlands; Stalin knechtet das russische Volk, geht aber nicht gegen die Juden vor. Daher endet des Flugblatt mit der Aufforderung: »Auf dieser Seite befinden sich Millionen deiner Brüder, die sich vorbereiten nach dem Krieg nach Hause in die Heimat zu gehen und nicht wieder unter die Stalinsche Kabbala[40] zu geraten.«

Ein Thema wird aber in diesem Flugblatt behandelt, das bei den anderen Flugblättern fehlt: Die Kolchosenwirtschaft sonst nach einem deutschen Sieg nicht in Frage gestellt, wird hier angeprangert als Kollektivierung des Bauernlandes, dem, »… Dutzende Millionen russische Bauern zum Opfer fielen, gefoltert und erschossen in den Folterkammern des NKWD, Stalins Gefängnisse und Konzentrationslagern …« Es waren die Großbauern gewesen, die in der Sowjetunion unter der Enteignung des Bodens leiden mussten und nicht die besitzlosen Landarbeiter. Mit diesem Flugblatt stellten sich die Wlassow Propagandisten auf die Seite der ehemaligen Großgrundbesitzer.

Außerdem setzt sich dieses Flugblatt mit den Schlachtrufen des ukrainischen Dichters Ilja Grigorjewitsch Ehrenburg [43] auseinander.

Viele Dichter und Schriftsteller der Sowjetunion solidarisierten sich schon in den ersten Kriegstagen mit der Roten Armee und waren bereit zu einem Einsatz an der Front: »Ich bin zu jedem Zeitpunkt bereit, in die Reihen der Roten Arbeiter- und Bauernarmee einzutreten und bis zu meinem letzen Blutstropfen die sozialistische Heimat zu verteidigen. – Regimentskommissar der Reserve, Schriftsteller Michael Scholochow.«[41] Über 1000 Autoren gingen an die Front. 275 starben im Schützengraben. Der Forderung Wladimir Majakowskis[42], die er schon vor dem 2.Weltkreig stellte, »Meine Feder in das Waffenverzeichnis!« folgend, arbeiteten viele dieser Freiwilligen in den Propagandaabteilungen der Roten Armee. Und manche ihrer literarischen Ergüsse landeten in der Sprichwort-Sammlung des russischen Volkes. Alexej Tolstoj wenige Tage nach dem Angriff der Deutschen Wehrmacht: »Das faschistische Deutschland hat den ›Blitzkrieg‹ begonnen, dieser Krieg wird für sie mit einem ›Blitzkrach‹ enden.« Nicht immer waren Wortspiele die Wortspenden zum Nazi-Aggressor aufs sprachliche reduziert. Als Tolstoj Passagen aus Briefen deutscher Soldaten kommentierte endete er mit der Aufforderung: »Ich mag keinen Schluss … schreiben … Den Schluss muss das empörte russische Bajonett liefern.«

Am 14 Jänner 1942 hatte Ilja Ehrenburg[43] in der Armee Zeitung »Roter Stern« geschrieben: »Gut war das russische Volk das weiß jeder … Die Faschisten haben ein Wunder vollbracht, sie haben aus dem russischen Herzen das Mitleid herausgebrannt, sie haben tödlichen Hass geboren.« Es gab Sprüche von Ilja Ehrenburg die waren noch extremer: »Wenn Du einen Deutschen getötet hast, töte einen zweiten – nichts stimmt uns froher als deutsche Leichen. Zähle nicht die Tage. Zähle nicht die Werste. Zähle nur eins: die von dir getöteten Deutschen. Töte den Deutschen! bittet dich die alte Mutter. Töte den Deutschen! fleht dich das Kind an. Töte den Deutschen! schreit die Heimaterde. Ziel nicht vorbei. Triff nicht daneben. Töte!« Mit solchen Texten machte sich Ehrenburg zu einer bevorzugten Zielscheibe der Nazi-Propaganda.

Das Wlassow-Flugblatt zitiert Ehrenburg und kommentiert: »›Töte den Deutschen! Er darf nicht unter den Lebenden bleiben. Töte den Deutschen, um Tausende Unschuldige zu retten. Töte, solange er ein Maschinengewehr hat. Töte!‹ So schreibt Ehrenburg. Worüber ereifert sich dieser Jude? Er kreischt, speichelt vor Zorn indem er aufruft uns als Feinde seines Volkes zu töten … ›Töte den Deutschen‹ , schreit Ehrenburg. ›Verrecke, gleichzeitig selbst!‹ – denkt er sich …«. Das bedarf einer Erklärung: Ehrenburg wird folgender Ziel unterstellt: Die Russen sollen die Deutschen töten und dabei selbst zugrunde gehen. Dann sind die Sieger die Juden. Und daraus leiten die Wlassow Leute den ihrer Meinung nach legitimen Schluss ab: Ukrainer der Roten Armee lauft über zu den Ukrainern der Wlassow Armee! Wir sind die Besseren, denn deutsche Gräueltaten hat es nie gegeben, jüdische Gräueltaten sehr wohl:

»Kameraden! Habt ihr irgendwann selbst diese ›deutschen Gräueltaten‹ in Bezug zum russischen Volk gesehen, die Tag und Nacht von der sowjetischen Propaganda und von diesen Ehrenburgs behauptet werden? Nein, ihr habt das niemals gesehen und konntet es auch nicht sehen, weil dies eine vollständige Erfindung ist. Und jetzt die jüdischen Gräueltaten, die wir selbst am eigenen Leib erfahren mussten. Die Kollektivierung, … Gefängnisse … Stacheldraht …«. Dieses Flugblatt macht einen verworrenen Eindruck, abgesehen vom falschen Inhalt hat es keine klare Linie und eine kompliziert aufgebaute Argumentation. Vielleicht kein Zufall. Angehörige der Wlassow Armee wechselten während des Krieges nochmals die Fronten: Als mit der Deutsche Wehrmacht auch die Wlassow Armee immer mehr gegen Westen zurückgedrängt wurde, gelangten einige Einheiten im Frühjahr 1945 ins Protektorat Böhmen und Mähren. Sie gingen zur tschechischen Widerstandsbewegung über und beteiligten sich am Prager Maiaufstand des Tschechischen Widerstandes gegen die Deutsche Wehrmacht.

Der Passierschein – Freibrief für gefahrloses Überlaufen?

Die deutschen Flugblätter sollten den Gegner vor allem dazu überreden überzulaufen. Kein ungefährliches Vorhaben. Um dem Überläufer wenigsten ein gewisses Maß an Sicherheit zu geben – oder vorzuspielen –, wurden Passierscheine erfunden – von allen kriegsführenden Staaten. Die deutschen Passierscheine an der Ostfront, wurden im Laufe des Krieges immer wieder verändert.

Der ursprünglich kurze Text lautete in deutscher Sprache: »Vorzeiger dieses [Passierscheines] wünscht kein sinnloses Blutbad. Er verlässt freiwillig die Rote Armee und geht zu den deutschen Behörden über. Er ist überzeugt, dass ihm gute Behandlung zuteil wird.« Darunter steht in Klammer: (Übersetzung in Russisch nebenstehend) und meist eine Zahlen/Buchstabenkombination zum Beispiel 000 115 RA. RA steht für Rote Armee und beweist, dass der Passierschein gegen die Rote Armee eingesetzt wurde. Um den Passierscheinen den Charakter eines amtlichen Ausweises zu geben, wurden sie schon bald mit einem Reichsadler versehen und auch der Wortlaut wurde verändert: »Vorzeiger dieses [Passierscheines] wünscht kein sinnloses Blutbad im Interesse der Juden und Kommissare. Er verlässt die geschlagene Rote Armee und geht auf die Seite der deutschen Wehrmacht über. Die deutschen Offiziere und Soldaten werden den Überläufer gut behandeln, ihn verpflegen und für Beschäftigung sorgen. Der Passierschein gilt für eine unbeschränkte Anzahl von Offizieren und Soldaten der Roten Armee, die zur deutschen Wehrmacht übergehen.« Die neue Fassung wandte sich erstmals explizit auch an die Offiziere. Die Juden und Kommissare, »Juden-Kommissare« im Nazijargon wurden als sog. »Feinde der einfachen Rotarmisten« noch nicht zum Überlaufen aufgefordert. Dass die Rote Armee geschlagen war, stellte eine kühne Behauptung dar. Diese Form des Passierscheins gibt es auch noch in anderen Varianten, z.B.: »(Gültig für einen oder mehrere Rotarmisten und Kommandeure). Vorzeiger dieses Scheines will nicht sinnlos Blut vergießen, sondern tritt auf die Seite der deutschen Armee über. Verpflegung und gute Behandlung wird ihm zugesichert.«

Bei einer neuerlichen Veränderung des Passierscheins wurden auch die Politarbeiter aufgefordert überzulaufen. »Dieses Flugblatt gilt als Passierschein für eine unbegrenzte Anzahl von Soldaten, Offizieren und Politarbeitern der Roten Armee. Es ist bis zum Ende des Krieges gültig. Die Deutschen behandeln ihre Gefangenen gut. Wer aber freiwillig übergeht, der wird bevorzugt behandelt. Wenn Euch Euer Leben lieb ist, handelt schnell!« Ein Passierschein mit Gültigkeit bis Ende des Krieges klingt zynisch und auch der letzte Satz erinnert eher an eine Drohung als an eine Einladung.

Die Passierscheine waren klein, man konnte sie daher leicht verstecken. Der kleinste hatt die Maße 36 Millimeter mal 130 Millimeter, und ist mit einem zarten Strich schwarz umrandet. Viele sind nur in Russisch. Es gibt aber auch zweisprachige: links Russisch, rechts Deutsch und in der Mitte einen Strich. Schneidet man sie aus und faltet sie entlang des mittleren Strichs, schauen sie mit dem stempelähnlichen Reichsadler wie ein kleiner amtlicher Ausweis aus.

Da die deutsche Propaganda mit den Namen der Überläufer weiter Propaganda machte und ihre Namen auf neuen Flugblättern abdruckte – diese Variante ist in der Sammlung aus Cherson nicht vorhanden – oder über Lautsprecher und Transparente an der Front öffentlich machte, wurde in einer neuen Tranche von Passierscheinen versprochen, die Namen der Überläufer zukünftig geheim zu halten und damit Repressionen gegen Verwandte, Freunde und Kameraden der Übergelaufenen möglichst zu vermeiden. Trotzdem war es gefährlich als Rotarmist solche Passagierscheine zu besitzen. Deshalb entwickelte die deutsche Propaganda neue Konzepte. Zunächst wurden auf die Flugblätter keine Passierscheine mehr gedruckt sondern nur mehr der Satz: »Dieses Flugblatt gilt als Passierschein.«

Dann wurde das Überlaufen ohne Passierschein propagiert: Auf den Flugblättern wurden zusätzlich zum Passierschein Parolen ausgegeben: »Bajonette in die Erde!« oder »Stalin kaputt!«. Jeder Rotarmist, der auf die deutschen Linien zulief und diese Worte rief, sollte als Überläufer erkannt und anerkannt werden.

Überlaufen blieb trotzdem riskant und es passierten immer wieder Fehler. Das Armee-Oberkommando 16 schrieb am 1.September 1941 an das Oberkommando des Heeres: »… Mit diesem Flugblatt werden die Rotarmisten zum Überlaufen mit Waffen gegen Belohnung aufgefordert. Die Praxis hat ergeben, dass diese Überläufer erschossen werden, da sie von unseren Truppen noch für Kämpfer angesehen werden. Es wird daher gebeten zu veranlassen, dass die Verwendung dieser Flugblätter unterbleibt.«[44]

Zur Parole »die Bajonette nieder« wurde ein eigenes Symbol entworfen: ein russischer Karabiner mit aufgepflanztem Seitengewehr, das Seitengewehr steckt in der Erde, der Lauf zeigt nach unten. Die Symbol befindet sich in einem auf die Spitze gestellten Dreieck, darüber die Zahlen/Buchstabenkombination: III.B 3.

Ein Passierschein ist als Banknote mit dem Aufdruck »Ein Tscherwonez« besonders gut getarnt: Auf der einen Seite schaut er aus wie ein Geldschein – zwischen 1922 und 1947 war der Tscherwonez eine gültige Währung in der Sowjetunion – und auf der Rückseite ist ein Passierschein, gültig für Offiziere, Politarbeiter und Mannschaften gedruckt.

Millionenfach produzierte deutsche Kriegsflugblätter – eine Propagandaoffensive als erfolgreiches Kampfmittel?

Anfang Juni, drei Wochen vor dem Einmarsch in die Sowjetunion, erging die für die Ausrichtung der Flugblattpropaganda entscheidende »Weisung für die Handhabung der Propaganda im Falle Barbarossa«. Entsprechend dem nationalsozialistischen Klischee vom dumpfen, willenlosen, einfachen Rotarmisten, der nur unter der Knute jüdisch-bolschewistischer Herrschaft überhaupt gegen die Deutschen kämpfte, war man zuversichtlich, dass die eigene Propaganda noch wirksamer sein werde, als im Krieg gegen Polen und im Westen. Daher kommen die Verfasser zu dem Schluss: »Gegenüber der Roten Armee verspricht der Einsatz aller Mittel der aktiven Propaganda im Kampf noch mehr Erfolg als bei allen bisherigen Gegnern der deutschen Wehrmacht.«[45]

Aber schon im August 1941 meldete die Truppe erste Bedenken, ob der Richtigkeit dieser Prognose. Zwei Monate nach dem deutschen Überfall auf die Sowjetunion und nach der Verbreitung von etwa 200.000.000 Kriegsflugblättern, erließ am 21. August 1941 der Wehrmacht-Führungsstab/Wehrmachtpropagandaabteilung eine »Ergänzende Weisungen für die Handhabung der Propaganda gegen die Sowjetunion«. Dabei zeigt sich bereits ein Umdenken. Die Einschätzung, dass die nationalsozialistische Propaganda bei den Rotarmisten auf fruchtbareren Boden fallen werde, erwies sich als falsch und die ursprünglichen Einschätzungen der gegnerischen Soldaten musste relativiert werden. Mit dem Argument, die Menschen in der Sowjetunion wären an »starke propagandistische Beeinflussung gewöhnt« wurden neue

Richtlinien verordnet: »Es genügt deshalb nicht, in der Propaganda nur Negatives, wie Drohungen, Verbote und Warnungen zu bringen. Es muss vielmehr immer wieder betont werden, dass der deutsche Soldat nicht kommt, um den Sozialismus zu vernichten, sondern um der bolschewistischen Versklavung ein Ende zu machen und eine soziale Gerechtigkeit zu schaffen.«[46]

Beibehalten wurde der fanatische Kampf gegen den Kommunismus: »Gegner Deutschlands sind nicht die Völker der Sowjetunion, sondern ausschließlich die jüdisch-bolschewistische Sowjetregierung mit ihren Funktionären und die Kommunistische Partei, die auf die Weltrevolution hinarbeitet.«[45] Das bedeutete rücksichtslosen Kampf gegen Kommunisten, Komsomolzen und Kommissare.

Die Bedeutung, die die Kommissare in der Roten Armee hatten, war den deutschen Soldaten zunächst unbekannt und auch unklar. Hatten doch die Kommissare Aufgaben zu erfüllen, die in anderen Armeen von mehreren Führungskräften wahrgenommen wurden, wie z.B. Betreuungsoffizier, Fürsorgeoffizier, Personaloffizier, Propagandaoffizier und Redakteur für Frontzeitungen und Flugblätter, mit denen die eigenen Soldaten versorgt wurden aber auch Propagandamaterial, das sich an den Feind wandte. Für die Soldaten der Roten Armee hatten die Kommissare oft größere Bedeutung als die militärischen Führer. Die Prawda definierte die Verhältnisse so. »Während der Regimentskommandeur das Haupt des Regiments ist, ist der Kommissar sein Vater und seine Seele«[47]

Aus dem Unwissen heraus, welche Stellung die Kommissare in ihren Einheiten einnahmen, entwickelte sich in der Deutschen Wehrmacht und ihren Propaganda Abteilungen eine Diskussion darüber, wem der einfache Rotarmist näher stand: seinem Offizier oder dem politischen Kommissar, zu wem er größeres Vertrauen hatte und wer den größeren Einfluss auf die Mannschaft ausübte. Dementsprechend unterschiedlich sind die Flugblätter gestaltet. Den deutschen Propagandisten war nicht immer klar war, wem sie die Rolle des Absolut Bösen zuschreiben sollten und wer zu den Guten gehören sollte.[48] Einmal wurden daher der einfache Soldat und der Offizier, dann wieder der Soldat und der Kommissar, dann wieder alle drei angesprochen.

Da sich die gleichberechtigte Stellung von Kommandeur und Kommissar offensichtlich auf die Schlagkraft der Roten Armee negativ auswirkte, wurde im Oktober 1942 die Institution der Kriegskommissare abgeschafft und den militärischen Führern die uneingeschränkte strategische und taktische Entscheidungsfreiheit eingeräumt. Die Aufgabe des Kommissars übernahm der »Sampolit«, der als stellvertretender Kommandeur mit militärischem Dienstgrad nur für politische Angelegenheiten zuständig war und dem Kommandeur rangmäßig unterstellt war. Meistens übernahmen die ehemaligen Kommissare die neue Funktion, konzentrierten sich auf die politische Arbeit und die Propaganda – in den eigenen Reihen und gegen den Feind.

Jedenfalls versuchten die deutsche Propagandisten zu spalten, wo ihrer Meinung nach bereits eine Kluft bestanden haben muss. Hie die Masse dumpfer fast tierischer Menschen, die ohne eigene Ideen oder Initiative dahindämmerte – aber auf die man mit dafür geeigneten Mitteln erfolgreich einwirken konnte –, und auf der anderen Seite eine kriminelle Bande jüdischer Bolschewiken, die durch eine Revolution an die Macht gekommen war und die von da an die ungebildeten Russen unter Kontrolle gehalten hat. Die Repräsentanten dieser Gruppe mussten vernichtet werden. Dieses hierarchisch aufgebaute Bild war offensichtlich durch Übertragung des eigenen Führerprinzips auf das der Roten Armee entstanden. Und deshalb war man auf der Seite der Deutschen Wehrmacht davon überzeugt: wenn die jetzigen Führer aus Moskau ausgeschaltet sind, dann wird diese träge Masse den neuen Führern aus Berlin genauso folgen wie den alten.

Gegen die Verbreitung der Kriegsflugblätter versuchte sich der Gegner mit militärischen und psychologischen Mitteln zu wehren. Flugzeuge und Ballone wurden unter Beschuss genommen, bereits verbreitete Exemplare unter Aufsicht eingesammelt und vernichtet. Gegen die Flugblattinhalte wurde mit der eigenen Propaganda gegengesteuert. Die politische Erziehung der sowjetischen Völker, die ganz bewusste systematische Verankerung von Komsomolzen und Kommunisten in der Roten Armee – flächendeckend und in die Tiefe waren für die nationalsozialistischen Propagandisten schwer überwindbare Hürden. Es waren nicht nur die Kommissare in der Roten Armee, die das propagandistische Gegengewicht zur Nazi-Propaganda bildeten.

In einer Analyse »Nur für den Dienstgebrauch« herausgegeben von »Der Reichsführer SS. SS-Hauptamt« wurden genau diese Schwierigkeiten, denen sich die nationalsozialistische Propaganda konfrontiert sah, bereits 1941 formuliert – in der für die Nazis typischen Doktrin: »Die Organisation des Politischen Apparates in der Roten Armee ermöglichte es den Bolschewisten, die Durchführung der politischen Schulung mit der höchsten Konsequenz zu betreiben … Die Absicht, jeden einzelnen Angehörigen der Roten Armee aufzuhetzen, seine Hassinstinkte zu wecken und wachzuhalten und gleichzeitig eine fanatische Überzeugung von der Richtigkeit der bolschewistischen Ideologie in ihm zu verankern, lässt sich wie ein roter Faden durch die Arbeit des politischen Apparates verfolgen.«[49] War auch Rotarmisten der Besitz von deutschen Kriegsflugblättern verboten, durften sie auch nicht gesammelt werden und waren diesen auch nach dem Krieg in den sozialistischen Ländern unter Verschluss, in der sowjetischen Literatur sind diese Kriegsflugblätter ein Thema, mit dem man sich immer wieder auseinandersetzte.

»... Serpilin ... entschloss sich bis zur Rückkehr des Spähtrupps ein wenig zu ruhen ... Er hatte sich gerade ein schattiges Plätzchen im Gras ausgesucht, als sich Schmakow zu ihm setzte. Dieser holte aus der Hosentasche ein verblichenes deutsches Flugblatt heraus, was wahrscheinlich schon ein paar Tage im Wald gelegen hatte, und drückte es ihm in die Hand.

›Da hast du, schau es dir an. Unsere Soldaten haben's gefunden und mir mitgebracht. Offenbar werfen sie die Dinger aus Flugzeugen ab. Serpelin rieb sich die Augen, die vor Müdigkeit schon zufallen wollten, und las das Flugblatt gewissenhaft von Anfang bis Ende durch. Das Flugblatt verkündete, Stalins Armee sei zerschlagen, sechs Millionen Mann seien gefangengenommen, die deutschen Truppen hätten Smolensk erobert und marschierten auf Moskau vor. In dem Flugblatt wurde behauptet, dass jeder weitere Widerstand nutzlos sei; dieser Behauptung folgten die Versprechen, ›jedem das Leben zu erhalten, der freiwillig die Waffen streckt, darunter auch den Kommandeuren und politischen Funktionären‹, den Gefangenen dreimal täglich zu essen zu geben und ihnen Lebensbedingungen zu bieten, wie sie in der zivilisierten Welt üblich seien. Auf der Rückseite des Flugblattes war eine recht unvollständige Landkarte abgedruckt. An Städten waren nur Minsk, Smolensk und Moskau verzeichnet ...

›Ja‹, sagte Serpilin ironisch. Er faltete das Flugblatt wieder zusammen und gab es Schmakow zurück. ›Sogar dir, Kommissar, versprechen sie, wie man sieht, das Leben. Was meinst du, vielleicht ergeben wir uns doch, wie?

›Selbst die Denikinleute[50] haben solche Wische klüger zuammengeschmiert‹, entgegnete Schmakow. Er wandte sich Sinzow zu und fragte ihn, ob er noch ein Streichholz habe.

Sinzow zog die Streichholzschachtel aus der Tasche und wollte das Flugblatt, das Schmakow ihm hinreichte, verbrennen, ohne es gelesen zu haben. Schmakow aber hielt ihn zurück:

›Lies es nur es ist nicht ansteckend!‹

Sinzow las das Flugblatt. Es macht auf ihn gar keinen Eindruck, worüber er sich selbst wundern musste. An den vorhergehenden Tagen hatte er, das erstemal mit einem Gewehr, dann mit der deutschen Maschinenpistole, eigenhändig zwei Faschisten erschossen. Vielleicht waren es sogar mehr, aber zwei hatte er bestimmt getötet, das wusste er genau; er wollte die Faschisten auch weiterhin töten, folglich war dieses Flugblatt nicht für ihn bestimmt.

›Jedem das Leben erhalten … ‹ So schreibt man bei uns doch nicht, dachte er, strich mit dem Streichholz über die etwas feuchte Reibefläche und setzte das Flugblatt an einer Ecke, die sich spiralenförmig eingerollt hatte, in Brand.«[51]

Dieses Kriegsflugblatt hat seine Zielgruppe nicht erreicht. Wer so stark in seiner Ideologie verhaftet war, bei dem konnte feindliche Propaganda nichts bewirken. Die Passage stammt au dem berühmten Kriegsbuch »Die Lebenden und die Toten« von Konstantin Simonow. An einer anderen Stelle in demselben Roman erinnern sich Kommissar Schmakow an eine Situation im Kampf um Moskau, in der er den Feindflugblättern differenzierter gegenüber trat: »… Doch später habe ich im Kessel alle möglichen Flugblätter gelesen. Zu wem schleppt man sie, wenn man welche findet? Zum Kommissar. Was musste ich da nicht alles lesen!« Er schmunzelte. »Und manchmal hatte ich so schreckliche Angst um Moskau! Den Worten der Deutschen nach zu urteilen, haben sie dort keinen Stein auf dem anderen gelassen. Natürlich wusste ich, dass sie angeben, aber wo war hier die Grenze zwischen Wahrheit und Lüge?«[52]

Verunsicherung des Gegners schwächt auch seine Kampfkraft – und das war die Aufgabe von Feindpropaganda. Diese Gefahr dürften die politischen Führer der Roten Armee offensichtlich erkannt haben, zumindest vermittelt das die sowjetische Kriegsliteratur. Generalleutnant Popjel, der sich in dem Zitat am Anfang des Buches darüber ärgert, dass er mit der Frau im Bett zum Überlaufen gebracht hätte werden soll, bekennt:

»Es gab aber auch gefährlichere Flugblätter. Tag für Tag schrieben die Deutschen von ihren Siegen, von der Zahl der eingebrachten Gefangenen und der Menge der Beutematerialien, druckten sie Karten, Fotografien und graphische Darstellungen ab.

Wie sollten diese Nachrichten widerlegt werden, wenn die wirkliche Lage an der Front unbekannt war? Es war schwer anzuzweifeln, dass die Faschisten angriffen, Gebiete an sich rissen, Beute und Gefangene machten. Das Gift der Unsicherheit drang Tropfen für Tropfen in schwache und angekränkelte Hirne. Möglicherweise hatten faschistische ›Passierscheine‹ ... Hauptmann Umenko auf den Gedanken gebracht zu desertieren.

Jetzt hatten wir einen Empfänger und waren in der Lage, die faschistische Propaganda zu widerlegen, den Glauben an den Sieg der sowjetischen Waffen zu stärken.«[52]

Kriegspropaganda und Gegenpropaganda – die Politarbeiter der Roten Armee waren ständig im Einsatz um das ›Gift‹ mit ›Gegengift‹ zu bekämpfen, und das hieß Agitation in den eigenen Reihen, weit gestreut: Flugblätter über die Verwundbarkeit der deutschen Panzer wurden verfasst, erfolgreiche Stoßtrupps besonders geehrt, Verluste an Männern und Material der Gegner exakt aufgelistet. Agitation innerhalb der Roten Armee ist aber nicht Thema dieser Arbeit.

Wie viele Rotarmisten übergelaufen sind, darüber gibt es keine Zahlen aber dass zwischen 1941 und 1945 die unglaubliche Zahl von 5 160 000 sowjetische Soldaten in deutsche Kriegsgefangenschaft kamen,[53] war eine Folge des zunächst erfolgreichen deutschen Blitzkriegs und der Kesselschlachten von Minsk, Smolensk und Kiew 1942: Millionen Rotarmisten mussten sich der Deutschen Wehrmacht ergeben. Wie viele davon, um dem Hungertod zu entgehen oder der todbringenden Gefangenschaft, sich als ›Hilfswillige‹ wieder zum Dienst meldeten, diesmal auf der anderen Seite der Front, ist nicht bekannt.

Die Anzahl der Flugblätter, die das kriegführende Deutschland produzierte, geht allerdings in die Hunderte Millionen, aber auch da fehlen die genauen Zahlen. Und wie viele Kriegsflugblätter tatsächlich an den Feind gebrachten werden konnten, kann nicht einmal geschätzt werden, denn die Verluste vom Produzenten zum ›Empfänger‹ waren groß. Die Vernichtung ganzer Auflagen, die ja oft in die 100 000 gingen, durch Kriegseinwirkungen noch vor dem Abwurf – zum Beispiel schon auf dem Weg vom Herstellungsort in Berlin zum nächsten Flughafen – müssten in eine Gesamtrechnungen einkalkuliert werden.

Mit Dauer des Krieges nahm die Transportkapazität der deutschen Luftwaffe ab und die Flugblätter wurden immer öfter mit der Bahn und dann per LKW befördert – von Propaganda-Verbindungsstelle zu Propaganda-Verbindungstelle. Bis an die Ostfront ein langer Weg. Vieles ging da verloren. Deshalb gewannen die knapp hinter der Front produzierten Flugblätter für die Nazi-Propaganda immer größere Bedeutung. Aber für diese Flugblätter gibt es nicht einmal Schätzungen. Wo nahmen die Propaganda-Kompanien das Papier her – vor allem gegen Ende des Krieges, von wo die Druckfarben?

Die Zahlen sind trotzdem beeindruckend. Vom Beginn der Operation »Barbarossa« bis Januar 1942 – das ist nicht einmal ein ganzes Jahres – wurden über der Ostfront 436 Millionen Flugblätter abgeworfen.

Klaus Kirchner stellt eine Schlussrechnung auf, die er selbst simplifizierend bezeichnet, die aber die Größenordnung betreffend beeindruckend ist: 500.000.000 Kriegsflugblätter für 5.000.000 Rotarmisten hatten 3.500.000 gefangene sowjetische Soldaten zur Folge. Damit kostete die Gefangennahme eines russischen Soldaten 8,58 Reichsmark an bedrucktem Papier.[54] Diese Rechnung kann schon deswegen nicht stimmen, da die meisten Historiker die Mannstärke der Roten Armee viel höher ansetzen und auch von mehr als fünf Millionen gefangenen Rotarmisten ausgehen[53].

Aber ist es überhaupt zulässig angesichts solcher Zahlen und vor allem der Schicksale, die sich hinter diesen Zahlen verbergen, eine Kosten/Nutzung Rechnung anzustellen – eine Kosten/Nutzen Rechnung – für wen auch. Doch die Effizienz der Kriegspropaganda mit Feindflugblättern zu hinterfragen muss erlaubt sein. Wer seiner Sache sicher war, von klarem politischen Bewusstsein, von klaren Zielvorstellungen geprägt, den konnten solche Propagandaflugblätter kaum überzeugen oder gar zum Handeln veranlassen.

War ein Mensch unsicher, voller Zweifel, psychisch oder körperlich angeschlagen, durch prägende Erlebnisse aus der Bahn geworfen, der war unter Umständen ansprechbar. Die Fallbeispiele aus der sowjetischen Kriegsliteratur, zeigen genau diese Unterschiede auf.

Die unvorstellbar große Zahl von sowjetischen Kriegsgefangenen war eine Folge der militärische Ereignisse: die Konsequenz aus verlorenen Schlachten und vor allem von Einkesselungen. Diesen Soldaten wurde die Entscheidung, ob sie überlaufen sollten oder nicht, abgenommen. Und setzt man die Zahl von 100 000en Gefangenen, die aus solchen Kesseln heraus, direkt in die Gefangenschaft geführt wurden, in Relation zu den Rotarmisten, die sich doch entschlossen haben, das Risiko überzulaufen zu wagen, ergibt sich eine wahrscheinlich vernachlässigbare Größe.

Das schreckliche Ende

Von den insgesamt 5 160 000 sowjetischen Soldaten, die den Deutschen in die Hände fielen, starben 3 300 000 durch Vernachlässigung oder Mord in deutscher Gefangenschaft.[55] Von allen Krieg führenden Staaten war die Sowjetunion bei weitem am schlimmsten betroffen; sie verlor 7 000 000 Soldaten und weitere 7 000 000 Zivilisten – in der Mehrzahl Ukrainer und Weißrussen, durch Entbehrungen, Repressalien und Zwangsarbeit.[56] Es gibt aber auch Zahlenmaterial, das von 13,6 Millionen toten sowjetischen Soldaten spricht. Die Anzahl der Rotarmisten, die während ihrer deutschen Kriegsgefangenschaft ums Leben kamen, ist mit zirka 3 300 000 relativ gesichert.

In den ersten Kriegsmonaten sind jedenfalls mehr Rotarmisten in der Gefangenschaft umgekommen als im Kampf gefallen. Die Wehrmacht, die 1940 auf den westlichen Kriegsschauplätzen zwei Millionen Soldaten gefangen nahm, hatte keine Probleme diese Menschenmassen ins »Reich« zu transportieren. Als sie aber in den ersten Monaten des Ostfeldzuges mit 3,35 Millionen Gefangenen konfrontiert wurde, ließ sie davon zwei Millionen in den besetzten Gebieten verhungern. Das war keine Folge von logistischen Problemen sondern von rassistischer Politik. Adolf Hitler hatte den Arbeitseinsatz russischer Kriegsgefangener im »Reich« ausdrücklich verboten, lediglich für Arbeiten im Bereich der Wehrmacht und in den besetzten Gebieten durfte ihre Arbeitskraft verwendet werden. Das entsprach dem nationalsozialistischen Bild vom bolschewistischen Untermenschen, den man von der eigenen Bevölkerung fernhalten wollte: »Die Völkerschaften der Sowjetunion leben auf einem Niveau, das wir uns in seiner stupiden Primitivität nicht vorstellen können.« Behauptete Josef Goebbels, Reichsminister für Volksaufklärung und Propaganda. Erst Ende Oktober 1941, als der deutsche Vormarsch steckenblieb, entschied sich Adolf Hitler – vor allem unter dem Druck der deutschen Industrie – für den Arbeitseinsatz sowjetischer Kriegsgefangenen im Reich.[57] Drei Millionen sollten die Kriegswirtschaft unterstützen: vor allem in Steinbrüchen, Salzbergwerken, beim Straßen- und Kanalbau, später auch beim Bergbau und in der Landwirtschaft.

Die Nazis im »Reich« hatten alles für ihren Empfang vorbereitet. Goebbels erklärte: »Gewöhnt an hartes und entbehrungsreiches Leben hängen sie gerade auch deshalb nicht allzu stark daran.« Hermann Göring, Generalbevollmächtigter für den Vierjahresplan, versprach »höchste Ausbeutung der russischen Arbeitskraft« und dass die Arbeitssklaven aus der Sowjetunion »... wenig leistende und viel essende Arbeiter anderer Staaten ...« ablösen werden. Und auch die Nazi-Sicherheitsorgane waren vorbereitet auf die »... bolschewistisch infizierten ...« »Untermenschen«, als neue Gefahr im »Dritten Reich«. Das blieb nicht ohne Folgen. Die Sterblichkeit der sowjetischen Kriegsgefangenen im »normalen« Arbeitseinsatz lag weit über der aller anderen Zwangsarbeitergruppen.[58]

Wahrscheinlich füllen die Bücher über das Schicksal der gefangenen Rotarmisten ganze Bibliotheken und daher kann ihr Schicksal hier nur ansatzweise beleuchtet werden, doch eines muss schon klar zum Ausdruck kommen: Das Lügen mit Methode, mit denen die nationalsozialistische Propaganda versuchte Rotarmisten zur Fahnenflucht zu überreden, muss aufgezeigt werden. Was wurde ihnen nicht alles versprochen, Essen, Wohnräume, Kleidung, Arbeit und das alles Menschen würdig – und wie schaute die Realität aus?

Zwei Kriegsgefangene , die aus einem Lager bei Stalino entflohen waren, Ivan Wassiljetch Plakoff und Konstantin Semyenovitch Schatzky haben beschrieben, wie »normale« Kriegsgefangene in »normalen« Lagern vegetierten: »Für acht Leute wurde ein Laib Brot schlechter Qualität, das aus verbranntem Mehl zubereitet und 1200 g schwer war ausgegeben, Einmal täglich erhielten sie einen Liter warme Nahrung, die aus etwas verbrannter Kleie bestand, die manchmal mit Sägespäne vermischt war. Das Gebäude, in welchem die Kriegsgefangenen lebten, hatte keine Fensterscheiben. Im Sommer und im Winter, sogar bei großer Kälte, wurden fünf kg Kohlen für Heizzwecke ausgegeben. Diese konnten das große Gebäude, in dem ständige Zugluft war und in dem bis zu 1000 Menschen lebten, nicht erwärmen. Zahlreiche Frostbeulen wurden bemerkt. Es gab kein Bad. Überhaupt hatten sich die Leute im Laufe eines halben Jahres nicht gewaschen und litten an Ungeziefer. An heißen Sommertagen litten die Menschen unter der Hitze. Drei bis fünf Tage hindurch erhielten sie kein Trinkwasser.« Der ehemalige Kriegsgefangene P.F. Jakowenke, dem die Flucht aus Stalag 350 gelungen war, sagte ähnliches aus. »Wir erhielten 180 g Brot, das zur Hälfte aus Sägemehl und Stroh zubereitet war, einen Liter Suppe ohne Salz, gekocht aus ungeschälten, verfaulten Kartoffeln. Wir schliefen auf dem blanken Boden. Wir hatten Läuse. Zwischen Dezember 1941 und Mai 1942 starben 3000 Kriegsgefangene an Hunger, Kälte, Prügel und Typhus oder wurden erschossen. Täglich erschossen die Deutschen Kriegsgefangene, die wegen Schwäche oder Krankheit nicht zur Arbeit gehen konnten, beschimpften sie oder prügelten sie ohne Grund.« Beide Berichte aus ›normalen‹ Kriegsgefangenenlagern wurden beim Nürnberger Prozess vorgetragen.

Die Berichte und Bilder von gefangenen Sowjetsoldaten, die in den Konzentrationslagern verhungerten, in den Arbeitslagern zu Grunde gingen, die auf den Todesmärschen zusammenbrachen und erschossen wurden, zeigen nochmals eine unvorstellbare Steigerung an Brutalität und Menschenverachtung.

Doch um zu beweisen, wie unverschämt die Propaganda der Deutschen Wehrmacht gelogen hat, als die den Soldaten der Roten Armee ein akzeptables Leben in deutscher Gefangenschaft versprach, genügen die Berichte aus ›normalen‹ deutschen Gefangenenlagern.

»… Da schlichen sie durch den Straßenstaub in Holzschuhen, auf selbstgeschnittene Stöcke gestützt. Zerrissene Hosen mit Papierschnur gehalten. Manchmal einen abgeschabten, grob geflickten Mantel an; auf dem Rücken einen Sack mit kläglicher Habe; die verbeulte Konservenbüchse für den dünnen Fraß um den Leib gebunden. Und abgemagert bis zum Skelett; ewig hungrig. Die schlaffe Haut zergerbt und lehmig; Spuren vielfältiger Krankheit unauslöschlich ins Gesicht geprägt. Ihre teilnahmslosen Augen blickten ständig in die gleiche Richtung, immer des unentrinnbaren Stacheldrahtes gewärtig und der Posten – gleichgültig, wo der Befehl sie hinzwang.«[59]

Wenn auch »nur« aus dem dokumentarischen Roman, »Roter Schnee« von Günter Hofé, diese Schilderungen des Elends der sowjetischen Kriegsgefangenen unterscheiden sich nicht von anderen Berichten.

Günter Hofé, Weltkriegsteilnehmer, DDR Schriftsteller und oft als Konsalik des Ostens bezeichnet, verfasste nach dem Krieg eine Trilogie dokumentarischer Romane über das Schicksal von Soldaten und Offizieren der Deutschen Wehrmacht. In »Roter Schnee« zeichnet er den Weg des Oberleutnants Fritz Helgert nach, der eine Wandlung vom pflichtbewussten Mitläufer zum desillusionierten Nazi-Kritiker durchläuft. Dabei wird er auch immer wieder mit Propagandamitteln der Roten Armee konfrontiert, ähnlich denen der Deutschen Wehrmacht: Lautsprecher, Transparente, Flugblätter in allen Variationen.

In »Roter Schnee« wird eine Szene beschrieben, in der der Wachtmeister der Batterie von Oberleutnant Helgert nach einem der zahllosen Flugblätter angelte, »... die überall herumlagen, vom nasskalten Abendwind hier und da aufgewirbelt. Mal sehen, dachte er und begann, pedantisch genau zu lesen ... : ›Deutsche Soldaten und Offiziere dieses Frontabschnitts! Ihr seid hoffnungslos eingeschlossen! Alle Anstrengungen sind umsonst! Wir rufen Euch zu: Die Soldaten der Roten Armee haben keinen Hass gegen Euch. Legt die Waffen nieder und meldet Euch mit dem unten angefügten Passierschein bei dem nächsten Rotarmisten! Niemand wird auf Euch schießen! Bringt Euer Leben in Sicherheit! Ihr werdet verpflegt werden und endlich Ruhe haben! Eure Familien werden es Euch danken, wenn Ihr nach Kriegsschluss unversehrt zu ihnen in die Heimat zurückkehrt. Viele deutsche Soldaten und Offiziere wie Ihr haben sich bereits von der Erkenntnis leiten lassen, dass es unsinnig ist, für die Himmler, Göring, Goebbels zu sterben, die nur das eine Ziel kennen, friedliche Völker zu unterjochen und die jeden Landser bedenkenlos dafür verheizen. Hitler und seine Clique sind Eure Totengräber und die Eurer, Väter, Mütter, Söhne und Freunde! Macht Schluss mit dem sinnlosen Blutvergießen, und es gibt eine bessere Zukunft für Euch!‹«[60]

Die Ähnlichkeit des Inhaltes dieses Flugblattes mit denen der Propagandisten der Deutschen Wehrmacht ist so groß, dass man unwissenschaftlich formulieren könnte, da hätten die einen von den anderen abgeschrieben. Wie mit den Versprechungen auf deutscher Seite umgegangen wurde, ist ausführlich behandelt worden, die Frage die sich nun stellte, wäre: Wie ist man auf sowjetischer Seite mit den eigenen Versprechungen umgegangen? Diese Frage führt aber weit weg – von den Flugblättern aus Cherson.

In »Roter Schnee« gibt der Wachtmeister seinem Batteriechef, dem Oberleutnant Helgert das Flugblatt weiter: »Helgert blickte uninteressiert darauf. ›Mann, Söchting, alter Recke, können wir nicht selbst unsere Entscheidungen treffen? Haben doch beide genug erlebt und drüber nachgedacht! Sie brauchen sich nur umzusehen, Mensch!‹ Der Oberleutnant blickte den Wachtmeister prüfend an, zerknüllte das Papier und warf es weg.«[61]

Deshalb wurden diese Stellen aus »Roter Schnee« ausgewählt. Sie zeigen nicht nur ähnliche Propagandamittel auf beiden Seiten, sondern auch das differenzierte Reagieren der Menschen darauf. Der Wachtmeister ist beindruckt, gibt das Flugblatt weiter – – was streng verboten war – und sein Vorgesetzter, der dieses Vergehen nicht ahndet, misst ihm kaum Bedeutung bei und erwartet von seinem Untergebenen, dass er seine Entscheidungen nach eigenen Erkenntnissen trifft – unabhängig von Propaganda. So wie sich die Flugblätter ähnlich sind, erinnern auch diese Textstellen aus einem deutschen Roman an die Zitate aus der sowjetischen Literatur und beweisen einmal mehr, dass die Wirkung von Kriegsflugblättern – trotz ihrer zig millionenfachen Auflagen – kaum einschätzbar war und ist.

Denn fünf Seiten später in »Roter Schnee« lässt sich Oberleutnant Helgert mit einem Teil seiner Einheit von den Angriffsspitzen der Roten Armee überrollen, um sich in Kriegsgefangenschaft zu begeben – völlig unbeeinflusst von der sowjetischen Frontpropaganda:

»Die Panzer waren schon wenige hundert Meter vor der Senke zum Greifen nahe.

Fritz Helgert ging zu seinen Männern, die ihm in dieser Stunde vielleicht das erstemal ohne jede Einschränkung vertrauten.

Es war auch das erstemal, dass sie den riesengroß auf sie zurollenden Stahlkästen mit dem roten Sowjetstern in Ruhe entgegensahen.

Das weiße Tuch flatterte.«[62]

Anmerkungen

1 Kirchner, Klaus: Flugblattpropaganda im 2.Weltkrieg, a.a.0. Band 10- Seite 329 f

2 Popjel, Nikolai: In schwerer Zeit, a.a.O. S.276/277

3 zitiert aus Faksimiledruck – veröffentlicht in: Kirchner, Klaus: Flugblattpropaganda im 2.Weltkrieg, a.a.0. Band 10- Seite XXI

4 »Richtlinien für die Behandlung politischer Kommissare« erlassen vom Chef des OKW am 6.Juni 1941

5 Hitler, Adolf: Mein Kampf, a.a.O. S.196

6 Hitler, Adolf: Mein Kampf, a.a.O. S.193

7 Hitler, Adolf: Mein Kampf, a.a.O. S.199

8 Hitler, Adolf: Mein Kampf, a.a.O. S.194

9 Hitler, Adolf: Mein Kampf, a.a.O. S.196

10 Hitler, Adolf: Mein Kampf, a.a.O. S.196

11 Hitler, Adolf: Mein Kampf, a.a.O. S.198

12 Hitler, Adolf: Mein Kampf, a.a.O. S.198

13 Hitler, Adolf: Mein Kampf, a.a.O. S.1947

14 Hitler, Adolf: Mein Kampf, a.a.O. S.200

15 Kirchner, Klaus: Flugblattpropaganda im 2.Weltkrieg, a.a.0. Band 2- Seite 367

16 zitiert aus Faksimiledruck – veröffentlicht in: Kirchner, Klaus: Flugblattpropaganda im 2.Weltkrieg, a.a.0. Band 2- Seite XXIII

17 zitiert aus Faksimiledruck – veröffentlicht in: Kirchner, Klaus: Flugblattpropaganda im 2.Weltkrieg, a.a.0. Band 2- Seite XXIV

18 Kirchner, Klaus: Flugblattpropaganda im 2.Weltkrieg, a.a.0. Band 2- Seite 370

19 zitiert aus Faksimiledruck – veröffentlicht in: Kirchner, Klaus: Flugblattpropaganda im 2.Weltkrieg, a.a.0. Band 10- Seite XVIIIf

20 zitiert aus Faksimiledruck »40-Stunden-Woche in knapp 2 Tagen« aus: »Die Wildente« Nr.23, Dezember 1960 veröffentlicht in: Kirchner, Klaus: Flugblattpropaganda im 2.Weltkrieg, a.a.0. Band 10- Seite XXIII

21 Kirchner, Klaus: Flugblattpropaganda im 2.Weltkrieg, a.a.0. Band 10- Seite 303

22 Kirchner, Klaus: Flugblattpropaganda im 2.Weltkrieg, a.a.0. Band 10- Seite 306

23 Kirchner, Klaus: Flugblattpropaganda im 2.Weltkrieg, a.a.0. Band 2- Seite 369

24 Kirchner, Klaus: Flugblattpropaganda im 2.Weltkrieg, a.a.0. Band 2- Seite XXXIII

25 Kirchner, Klaus: Flugblattpropaganda im 2.Weltkrieg, a.a.0. Band 10- Seite 327

26 Dierich, Wolfgang: Kampfgeschwader Greif, Stuttgart, Motorbuch 1975, Seite 34 veröfferntlicht in:Kirchner, Klaus: Flugblattpropaganda im 2.Weltkrieg, a.a.0. Band 2- Seite 370

27 Kirchner, Klaus: Flugblattpropaganda im 2.Weltkrieg, a.a.0. Band 10- Seite 327

28 Kirchner, Klaus: Flugblattpropaganda im 2.Weltkrieg, a.a.0. Band 2- Seite 370

29 Kirchner, Klaus: Flugblattpropaganda im 2.Weltkrieg, a.a.0. Band 2- Seite 371

30 Die Zahl 6 kann für die sechs Spitzen des Hexagramms stehen, das zwei gleichseitigen Dreiecken zusammengesetzt als Siegel Salomos ein weit verbreitetes Symbol der Juden ist.

31 Der ganze Absatz siehe: Spoerer, Mark, Zwangsarbeit im Dritten Reich, a.a.O. S.8/9

32 Kirchner, Klaus: Flugblattpropaganda im 2.Weltkrieg, a.a.0. Band 10- Seite XXV

33 zitiert aus Wikipedia, Suchbegriff: Kommissarbefehl, Seite 4

34 Hirschfeld, Magnus: Sittengeschichte des zweiten Weltkrieges, a.a.O. S.337-339

35 Kirchner, Klaus: Flugblattpropaganda im 2.Weltkrieg, a.a.0. Band 10- Seite 306

36 Kirchner, Klaus: Flugblattpropaganda im 2.Weltkrieg, a.a.0. Band 10- Seite 306/307

37 Kirchner, Klaus: Flugblattpropaganda im 2.Weltkrieg, a.a.0. Band 10- Seite 329

38 Kirchner, Klaus: Flugblattpropaganda im 2.Weltkrieg, a.a.0. Band 10- Seite 313

39 zitiert aus: Wikipedia, Suchbegriff: OUN, Seite 3

40 Kabbala ist die mystische Tradition des Judentums, oft wird sie auch als jüdische Geheimlehre definiert. Durch die Verschmelzung Stalin und Kabbala zu einem Begriff, soll Stalin offensichtlich in eine persönliches Naheverhältnis zum Judentum gebracht werden.

41 Michail Alexandrowitsch Scholochow, 1905-1984, sowjetischer Schriftsteller und Nobelpreisträger

42 Wladimir Wladimirowitsch Majakowski, 1893-1930, sowjetischer Dichter

43 Ilja Grigorjewitsch Ehrenburg,1891- 1967, sowjetischer Schriftsteller und Journalist

44 Kirchner, Klaus: Flugblattpropaganda im 2.Weltkrieg, a.a.0. Band 10- Seite 300

45 zitiert aus Faksimiledruck – veröffentlicht in: Kirchner, Klaus: Flugblattpropaganda im 2.Weltkrieg, a.a.0. Band 10- Seite XIX

46 zitiert aus Faksimiledruck – veröffentlicht in: Kirchner, Klaus: Flugblattpropaganda im 2.Weltkrieg, a.a.0. Band 10- Seite XX und Kirchner, Klaus: Flugblattpropaganda im 2.Weltkrieg, a.a.0. Band 10- Seite XVII

47 Garthoff, Raymond L: Die Sowjetarmee, a.a.O. S.274

48 Siehe dazu auch: Kirchner, Klaus: Flugblattpropaganda im 2.Weltkrieg, a.a.0. Band 10- Seite 303

49 zitiert aus Faksimiledruck – veröffentlicht in: Kirchner, Klaus: Flugblattpropaganda im 2.Weltkrieg, a.a.0. Band 10- Seite XX-XII

50 Anton Iwanowitsch Denikin war russischer Generalleutnant und einer der wichtigsten Kommandeure der Weißen Armee. Als seine Armee 1919 von der Roten Armee geschlagen wurde, floh er 1920 über die Krim, Großbritannien und Frankreich in die USA. 1947 starb er im Bundesstaat Michigan.

51 Simonow, Konstantin: Die Lebenden und die Toten, a.a.O. S.153/154

52 Popjel, Nikolai Kirillowitsch: In schwerer Zeit, a.a.O. S.277

53 Keegon, John: Der zweite Weltkrieg, a.a.O. S.416

54 Kirchner, Klaus: Flugblattpropaganda im 2.Weltkrieg, a.a.0. Band 10- Seite XXXV

55 Keegon, John: Der zweite Weltkrieg, a.a.O. S.416

56 Keegon, John: Der zweite Weltkrieg, a.a.O. S.857

57 Spoerer, Mark, Zwangsarbeit im Dritten Reich, a.a.O. S.9

58 ganzer Absatz siehe: Schiller, Thomas: NS-Propaganda für den Arbeitseinsatz, a.a.O. S.27/28

59 Hofé, Gunter: Roter Schnee, a.a.O. S.548

60 Hofé, Gunter: Roter Schnee, a.a.O. S.549/550.

61 Hofé, Gunter: Roter Schnee, a.a.O. S.551/552

62 Hofé, Gunter: Roter Schnee, a.a.O. S.556

Literatur

Garthoff, Raymond L.: »Die Sowjetarmee. Wesen und Lehre«, Köln 1955

Hirschfeld, Magnus: »Sittengeschichte des Zweiten Weltkrieges«, Verlag Karl Schustek, Hanau am Main 1968

Hitler, Adolf: »Mein Kampf«, Zentralverlag der NSDAP, Frz. Eher Nachf., München 1938, 312.-316. Auflage

Hofè, Günter: »Roter Schnee«, ›Die Buchgemeinde‹, Wien

Keegon, John: »Der Zweite Weltkrieg«, Rowohlt, Berlin 2004

Kirchner, Klaus: »Flugblatt-Propaganda im 2.Weltkrieg – Europa Band 2: Flugblätter aus Deutschland 1939/1940«, Verlag D+C, Erlangen 1982

Kirchner, Klaus: »Flugblatt-Propaganda im 2.Weltkrieg – Europa Band 10: Flugblätter aus Deutschland 1941«, Verlag D+C, Erlangen 1987

Kirchner, Klaus; »The Leaflet Collector – Magazine and Auction No.2», Verlag D+C, Erlangen 2004

Popjel, Nikolai Kirillowitsch: »In schwerer Zeit«, Militärverlag der Deutschen Demokratischen Republik, Moskau 1959

Schiller, Thomas: »NS-Propaganda für den ›Arbeitseinsatz‹«, LIT Verlag, Hamburg 1997

Simonow, Konstantin: »Die Lebenden und die Toten«, Verlag Volk und Welt, Berlin 1973

Spoerer, Mark: »Zwangsarbeit im Dritten Reich«, J.W.Goethe-Universität/Fritz Bauer Institut, Frankfurt am Main 2008

Für die Übersetzung aus dem Russischen und dem Ukrainischen bedanke ich mich bei Univ. Prof. Dr. Gero Fischer vom Institut für Slawistik der Universität Wien.

Abkürzungen:

Im Text wurden die folgenden Abkürzungen verwendet:

AOK	Armee-Oberkommando
OKW	Oberkommando der Wehrmacht
OUN	Organisation Ukrainischer Nationalisten
PK	Propaganda-Kompanie
RLM	Reichsluftfahrts- Ministerium
WPr.	Abteilung Wehrmachtspropaganda

Auf den Flugblättern finden sich immer wieder Buchstaben oft kombiniert mit Zahlen. Nicht alle dieser Codes konnten entschlüsselt werden. Offensichtlich hat die deutsche Wehrmacht aber mit den Buchstaben die Zielgruppe, an die die jeweiligen Flugblätter gerichtet waren, bezeichnet – auch um ein möglichst zielgerichtetes Verteilen zu ermöglichen.

B steht für Bevölkerung, BD für Bevölkerung Donez-Becken, BF für Bevölkerung Frauen, BU für Bevölkerung Ukraine, BW für Bevölkerung Weißrusslands.
RA steht für Rote Armee oder Rotarmisten, RAB für Rotarmisten und Bevölkerung RAF für Roten Armee Frauen, RAK für Rote Armee Kommandeure, RAS für Rote Armee Südabschnitt.
Für einige Codes konnte allerdings keine Erklärung gefunden werden.

Die Flugblattsammlung aus Cherson

РОБІТНИЧО-СЕЛЯНСЬКА ВЛАДА
Така була
советська
СВОБОДА

Українці!

Хто панував над вами?

Хто приніс Вам кров, сльози й голод?

Жиди та їхні большевицькі прихвостні!

Хто витискав із Вас кривавий піт аж до останньої краплі?

Жиди та їхні большевицькі прихвостні!

Хто забирав хліб із Ваших клунь?

Жиди та їхні большевицькі прихвостні!

Хто доносив на Вас і міліони з Вас посилав на заслання й голод?

Жиди та їхні большевицькі прихвостні!

Хто засилав міліони українців на Соловки та на Сибір, щоб вони там живцем гнили в концтаборах та на примусових роботах?

Жиди та їхні большевицькі прихвостні!

Хто міліони з Вас замучував на смерть у підвалах НКВД?

Жиди та їхні большевицькі прихвостні!

Своєю фальшивою наукою большевизму жиди змагають до панування над світом.
Інтернаціонал - це панування жидівства.
В руках жидів була влада в Советському Союзі та в капіталістичних країнах.
Жидівські капіталісти та советські жиди об'єдналися для боротьби проти країни волі й соціалізму - проти Німеччини.

Не забувайте цього ніколи:
ЖИДИ - це найгірший ворог
Українського народу!

Arbeiter und Bauernmacht
So war die sowjetische Freiheit

Ukrainer!

Wer hat über euch geherrscht?

Wer hat euch Blut, Tränen und Hunger gebracht?
Die Juden und ihre bolschewistischen Mitläufer.
Wer hat euch bis zum letzten Tropfen ausgepresst?
Die Juden und ihre bolschewistischen Mitläufer.
Wer hat das Brot aus euren Vorratskammern beschlagnahmt?
Die Juden und ihre bolschewistischen Mitläufer.
Wer hat euch denunziert und hat Millionen von euch in Deportation und Hunger geschickt?
Die Juden und ihre bolschewistischen Mitläufer.
Und wer hat Millionen Ukrainer nach Solovki und nach Sibirien deportiert, damit sie dort in Konzentrationslagern und bei Zwangsarbeit verfaulen?
Die Juden und ihre bolschewistischen Mitläufer.
Wer hat Millionen von euch in den Kellern des NKVD zu Tode gequält?
Die Juden und ihre bolschewistischen Mitläufer.

Mit ihrer falschen bolschewistischen Wissenschaft versuchen Juden an die Weltherrschaft zu gelangen.
Die Internationale – jüdische Herrschaft

In den Händen von Juden war die Macht in der SU und in kapitalistischen Ländern.
Jüdische Kapitalisten und sowjetische Juden vereinten sich im Kampf gegen das Land von Freiheit und Sozialismus gegen Deutschland.

Vergessen nie:
Juden – sind der schlimmste Feind des ukrainischen Volkes.

Червоні бандити-
-це остання ставка Сталіна!

Червона армія не в силі була спинити переможний наступ німецьких військ. Ні «вепетні»-танки, ні «найсильніші твердині світу»,— згадайте хоч би Севастопіль,—ніщо не встояло, усе було знищено.

Знаючи, що надходить його смертна година, Сталін хапається останнього засобу. За допомогою підступних розбишацьких банд, якими керують підкуплені вороги народу й які безсоромно називають себе «партизанами», він старається домогтися того, чого не вдалося досягнути в одвертому бою його реґулярній армії.

Безглуздо брешучи, червоні грабіжники всіма силами намагаються перетягнути населення на свій бік. Та хто ж вірить їхнім обіцянкам і балаканині? Тільки дурні, божевільні та вороги нашого народу й нашого майбутнього.

Кожний, хто хоче жити спокійно й заможно, повинен боротися з червоними катами. Не можна допустити, щоб вони нищили наші досягнення, щоб вони знову звели на нас лихо та зруйнували наше майбутнє.

Стережіться червоних сталінських бандитів. Боріться з ними всіма засобами. Приглядайтеся і прислухайтеся до всього і слідкуйте уважно за їхніми злочинними планами. Бийте їх, де зустрінете, або старайтеся їх зловити. Коли самі не подужаєте, кличте собі на поміч німців. Переказуйте їм усе, що знаєте про так званих «партизанів».

Адже ж справа йде про Ваше життя, про майбутнє Вашої батьківщини й Вашого народу. Будьте ж відважні!

СПІЛКА ВІДБУДОВИ УКРАЇНИ.

Rote Banditen – der letzte Trumpf Stalins.

Die Rote Armee ist nicht in der Lage, den siegreichen Vorstoß der deutschen Truppen aufzuhalten. Weder die Riesenpanzer noch die uneinnehmbarsten Festungen der Welt, denken Sie an Sewastopol, nichts hat standgehalten, alles wurde vernichtet.
Wissend, dass seine letzte Stunde kommt, greift Stalin zur letzten Chance, mit der Hilfe von Verbrecherbanden, die von bezahlten Volksfeinden geführt werden und die sich ohne sich zu genieren, Partisanen nennen, versucht er, das zu erreichen, was ihm in keinem Schlachtfeld von regulären Armeen gelungen ist.
Mit Lügen versuchen die roten Räuber mit allen Kräften die Bevölkerung auf ihre Seite zu ziehen. Aber wer glaubt deren Versprechungen und ihrem Geschwätz, nur Dumme und Geisteskranke und Feinde unseres Volkes und unserer Zukunft.
Jeder, der ruhiges und angenehmes Leben führen will, muss die roten Schlächter bekämpfen. Wir dürfen nicht zulassen, dass sie unsere Errungenschaften vernichten, dass sie uns dann wieder ins Elend stürzen und unsere Zukunft vernichten. Hüten Sie sich vor den stalinischen Banditen. bekämpfen Sie sie mit allen Mitteln. Seien Sie aufmerksam und vorsichtig und verfolgen Sie ihre verbrecherischen Pläne. Schlagen Sie sie, wo Sie sie treffen und versuchen Sie sie zu fangen. Wenn Sie selber das nicht schaffen, dann rufen Sie Deutsche zu Hilfe. Erzählen Sie alles, was Sie über die sogenannten Partisanen wissen.
Weil es geht um Ihr Leben, die Zukunft Ihres Vaterlandes, Ihres Volkes. Seien Sie mutig.
Bund des Wiederaufbaues der Ukraine.

СТАВАЙТЕ ДО БОРОТЬБИ
З ЖИДО-
БОЛЬШЕВИЗМОМ

Українці!

Хто панував над вами?

Жиди та їхні большевицькі прихвостні!

Советська держава була жидівською державою. Щоб жидівське панування прикрити, на чолі її навмисне поставили одного нежида — Сталіна. Щоб ніхто не знав, що вони — жиди, жидівські проводирі поприбирали собі українські й російські прізвища й імена.

Не забувайте цього ніколи:

Жидівська пропаганда брехала Вам, що в Совєтському Союзі панує соціалізм. Насправді ж панувала там найгірша соціальна несправедливість.

У Советському Союзі панував державний капіталізм — найяскравіша форма капіталізму взагалі.

На цей жидівський державний капіталізм українські селяни й робітники мусіли тяжко працювати.

Коштом трудящих і селян в Советському Союзі жиди та їхні большевицькі посіпаки наживалися й роскошували.

Тепер цьому визискові й одурюванню народу прийшов кінець!

Адольф Гітлер
сам син робітника.

Він звільнив німецьких робітників і селян від жидівського визиску, випередив кривавий напад Сталіна, Вашого ката й жидівського побратима.

АДОЛЬФ ГІТЛЕР прогнав жидів та їхніх большевицьких посіпак!

Допоможіть же перебороти наслідки цієї нещасної війни!

Тоді Вам буде запевнене краще й щасливіше життя!

Steht auf zum Kampf mit dem Juden-Bolschewismus

Ukrainer!

Wer hat über euch geherrscht?

Juden und deren bolschewistischen Mitläufer.
Der sowjetische Staat war ein jüdischer Staat. Um die jüdische Herrschaft zu verschleiern hat man einen Nichtjuden an der Spitze eingesetzt, Stalin. Damit niemand erfährt, dass sie Juden sind, die jüdischen Führer, haben sie ukrainische und russische Namen angenommen.

Vergesst nie!

Die jüdische Propaganda hat geleugnet, dass in der Sowjetunion Sozialismus herrscht. In Wahrheit herrschte dort die schlimmste soziale Ungerechtigkeit. In der SU herrschte schlimmster staatlicher Kapitalismus.
Für diesen staatlichen Kapitalismus mussten ukrainische Bauern und Arbeiter hart arbeiten. Auf Kosten der Arbeiter und Bauern in der SU haben die Juden ihr Vermögen vermehrt und ein luxuriöses Leben geführt. Und jetzt ist Schluss mit dieser Ausbeutung und Verdummung des Volkes.

Adolf Hitler ist selber ein Arbeitersohn.

Er hat deutsche Arbeiter und Bauern von jüdischer Ausbeutung befreit und ist dem blutigen Angriff von Stalin, eurem Schlächter und jüdischen Vetter, zuvor gekommen.
Adolf Hitler hat Juden und deren bolschewistische Mitläufer verjagt. Helft die Folgen dieses unglücklichen Krieges zu überwinden.
Dann wird euch ein besseres und glücklicheres Leben gesichert.

БОЙЦЫ И КОМАНДИРЫ КРАСНОЙ АРМИИ!

ШТЫКИ В ЗЕМЛЮ! И СКОРЕЕ К НЕМЦАМ ИЛИ ДОМОЙ

**Ваше дальнейшее участие в войне бессмысленно!
Подумайте о своей дальнейшей судьбе и о своих семьях?!**

8 пунктов, которые должен знать каждый будущий советский пленный:

ЧТО ТРЕБУЮТ НЕМЦЫ ОТ СОВЕТСКОГО ПЛЕННОГО:

1. Попадая в плен, не бойся. Тебе никто не причинит вреда. Немцы обращаются с пленными по интернациональному соглашению.

2. При допросе ты должен указать: фамилию, год рождения, профессию и часть. Фамилии пленных опубликовываются только по их собственному желанию.

3. Ты должен соблюдать идеальную чистоту в отношении твоих и доверренных тебе немцами вещей. Твое тело должно быть всегда чистым.

4. Твое поведение должно быть дисциплинированным и по-военному. Ты должен отдавать честь своим советским офицерам и немецкому военному начальству.

5. В работе соблюдать чистоту и исполнительность. Доверенные тебе инструменты должны быть в наилучшем состоянии и порядке. Мы требуем точность. По твоему поведению будет и отношение к тебе самому.

6. О несправедливости или недостатках должно быть сразу доложено.

7. За хорошее поведение и работу ты получаешь особую награду.

8. Миллионы русских пленных уже отпущены в гражданство за хорошее поведение. Они работают теперь в частных предприятиях по собственному желанию.

Запомните! **Германия ведет борьбу не против русского народа, а против вашего жидо-коммунистического правительства, которое принесло вам много горя и несчастья.**

Sk513

Soldaten und Kommandanten der Roten Armee!
Die Bajonette nieder!
Und schneller zu den Deutschen oder nach Hause.
Eure weitere Teilnahme am Krieg ist sinnlos!
Denkt über euer weiteres Schicksal und über eure Familien nach?!

---

8 Punkte, die jeder künftige sowjetische Gefangene kennen muss:

Was verlangen die Deutschen von sowjetischen Gefangenen:

1. Wenn du in Gefangenschaft gerätst, hab keine Angst. Niemand wird dir Schaden zufügen. Die Deutschen behandeln die Gefangenen entsprechend internationalen Vereinbarungen
2. Beim Verhör musst du folgendes angeben: Name, Geburtsjahr, Beruf und Truppe. Der Familienname der Gefangenen wird nur nach persönlichem Wunsch veröffentlicht
3. Du musst ideale Sauberkeit hinsichtlich deiner und dir von den Deutschen übertragenen Sachen einhalten. Deine Aufgabe ist es immer sauber zu sein.
4. Dein Verhalten muss diszipliniert und militärisch sein. Du musst deinen sowjetischen Offizieren und der deutschen Führung Ehrenbezeugungen abgeben.
5. Du musst bei der Arbeit auf Sauberkeit und Sorgfalt achten.
6. Ungerechtigkeiten oder Mängel müssen sofort gemeldet werden.

7. Für gutes Benehmen und gute Arbeit erhältst du eine Belohnung.
8. Millionen russischer Gefangener sind schon für gute Führung ins zivile Leben entlassen worden. Sie arbeiten jetzt in privaten Unternehmen nach eigenem Wunsch.

Merket! Deutschland führt nicht den Kampf gegen das russische Volk sondern gegen eure jüdisch-kommunistische Regierung, die euch viel Leid und Unglück gebracht hat.

На фронте льется русская кровь. За кого?

Вьюга мчится но родным просторам...
Тебя тянет к теплу, к жене и ребенку.
Как долго ты их не видал?!

Ты видишь, как погибают один за другим твои товарищи.

Не ужасна ли эта массовая смерть?!

Пусть ваши руководители и жиды сами ведут войну.

Если бы вашим руководителям самим пришлось участвовать в войне, они бы уже давно бросили оружие.

Кончайте воевать!

Переходите к немцам и к вашим русским братьям, борющимся против большевизма!

После разгрома большевизма настанет мир для вас и для нас.

ГЕРМАНСКОЕ КОМАНДОВАНИЕ

Эта листовка действительна, как пропуск
Dieses Flugblatt gilt als Passierschein

AN269

An der Front wird russisches Blut vergossen. Für wen?

Schneesturm jagt über die heimischen Gefilde, dich zieht es zur Wärme, zu Frau und Kind, wie lange hast du sie schon nicht gesehen?
Du siehst, wie einer nach dem anderen deiner Genossen stirbt.
Ist er nicht furchtbar, der Massentod?
Sollen doch eure Führer und Juden selber den Krieg führen.
Wenn eure Führer selbst sich am Krieg beteiligen müssten, dann hätten sie schon längst die Waffen niedergelegt.
Hört auf zu kämpfen!
Lauft zu den Deutschen über und zu euren russischen Brüdern, die gegen den Bolschewismus kämpfen!
Nach der Zerschlagung des Bolschewismus wird Frieden sein für euch und für uns.
Deutsches Kommando
Dieses Flugblatt gilt als Passierschein.

ЖИДЫ — ВАШИ ВЕЧНЫЕ ВРАГИ!
СТАЛИН С ЖИДАМИ
ОДНА ШАЙКА ПРЕСТУПНИКОВ
ДОЛОЙ ВЛАСТЬ ЖИДОВ!

Кто разрушил вашу богатую.страну и превратил вас в нищих ?

ЖИДЫ!

Кто захватил для себя лучшее жилище ?

ЖИДЫ!

Кто толкал народ на войну, оставаясь сам в безопасности ?

ЖИДЫ!

Кто залил вашу землю кровью и слезами и принес вам голод ?

ЖИДЫ!

Кто поддерживал вашего палача Сталина ?

ЖИДЫ!

Кто опозорил и совершал насилия над вашими женами и дочерями ?

ЖИДЫ!

Кто отнял у вас последнее добро и выжал из вас последние соки ?

ЖИДЫ!

Кто больше всех нападал на капиталистов, а сам жадно набросился на ваши деньги?

ЖИДЫ!

Кто послал миллионы людей в концлагеря ?
ЖИДЫ!

Кто замучил миллионы из вас в подвалах ГПУ?

ЖИДЫ!

Кто вызвал войну ?

ЖИДЫ!

Кто придумал стахановщину, чтобы вас лучше эксплуатировать ?

ЖИДЫ!

Кто обещал вам рай, а создал ад ?

ЖИДЫ!

Кто выбрал себе легкий труд, оставив вам самую тяжелую работу ?

ЖИДЫ!

Кто, по воле Сталина, разрушил ваши фабрики и заводы лишая вас заработка и хлеба?

ЖИДЫ!

Кто сумел поживиться на большевитском терроре?

ЖИДЫ!

Кто работал меньше всех, а жрал всегда сытно и обильно?

ЖИДЫ!

Кто, по воле Сталина, уничтожал ваши посевы и убивал ваш скот?

ЖИДЫ!

Кто, по воле Сталина, уничтожал ваши машины и инструменты ?

ЖИДЫ!

Кто, по воле Сталина, разрушил дороги, чтобы сделать навозможным доставку необходимых припасов?

ЖИДЫ!

Кто выдумал садисткие пытки НКВД, в которых замучены ваши братья?

ЖИДЫ!

Die Juden – eure ewigen Feinde!
Stalin mit den Juden eine Bande von Verbrechern!
Nieder mit der Herrschaft der Juden!

Wer hat euer reiches Land zerstört und euch zu Bettlern gemacht?
Die Juden!
Wer hat für sich die besten Wohnungen an sich gerissen?
Die Juden!
Wer trieb das Volk in den Krieg und blieb selbst in Sicherheit?
Die Juden!
Wer hat über euer Land Blut und Tränen ausgegossen und euch Hunger gebracht?
Die Juden!
Wer hat euren Henker Stalin unterstützt?
Die Juden!
Wer hat eure Frauen und Töchter geschändet und ihnen Gewalt angetan?
Die Juden!
Wer hat euch das letzte Hab und Gut abgenommen und das Letzte aus euch herausgepresst?
Die Juden!
Wer hat mehr als alle anderen die Kapitalisten angegriffen und sich selbst gierig auf euer Geld geworfen?
Die Juden!
Wer hat Millionen Menschen in Konzentrationslager geschickt?
Die Juden!
Wer hat Millionen von euch in den Gefängnissen des GPU gefoltert?
Die Juden!

Wer hat den Krieg erklärt?
Die Juden!
Wer hat sich das Stachanowsystem ausgedacht, um euch besser ausbeuten zu können?
Die Juden!
Wer hat das Paradies versprochen und die Hölle geschaffen?
Die Juden!
Wer hat für sich selbst leichte Arbeit ausgesucht und euch die schwerste Arbeit zugeteilt?
Die Juden!
Wer hat nach dem Willen Stalins eure Fabriken und Betriebe zerstört und damit euer Einkommen und Brot?
Die Juden!
Wer hat vom bolschewistischen Terror profitiert?
Die Juden!
Wer arbeitete am wenigsten von allen aber fraß sich immer satt und ausreichend?
Die Juden!
Wer hat nach dem Willen Stalins euer Saatgut vernichtet und euer Vieh geschlachtet?
Die Juden!
Wer hat nach dem Willen Stalins eure Maschinen und Instrumente zerstört?
Die Juden!
Wer hat nach dem Willen Stalins die Straßen zerstört um die Versorgung mit unentbehrlichen Lebensmitteln unmöglich zu machen?
Die Juden!
Wer hat die sadistische Folter des NKWD ausgedacht, bei denen eure Brüder umgekommen sind?
Die Juden!

План
Жукова
сорвался
Германская Армия
по-прежнему сильна

Красноармеец!

ВОТ ФАКТЫ!
ПОЗНАКОМСЯ С ПРАВДОЙ, КОТОРУЮ ТЫ НАЙДЕШЬ В СВОДКЕ ГЕРМАНСКОГО ВЕРХОВНОГО КОМАНДОВАНИЯ ОТ 9-го АПРЕЛЯ 1944 ГОДА.

В районе Каменец-Подольска крупные силы, состоящие из германских вооруженных частей и соединении СС, под командованием генерала танковых войск Губе, в двухнедельных боях против в количественном отношении значительно превосходящих сил противникаразбили попытку уничтожения наших борющихся частей путем окружения.

В результате ожесточенных боев были разбиты упорно сопротивляющиеся соединения противника и установлена связь с вновь подведенными с запада частями наступающих вооруженных сил и соединениями СС.

Наши танковые и пехотные части предприняли ожесточенные оборонительные бои против продолжающих свое наступление с севера, востока и юга советских частей. Враг понес тяжелые кровавые потери, утратив в этих боях 352 танка и штурмовых орудий 190 орудий, а также большое количество различных боеприпасов.

КРАСНОАРМЕЕЦ!

Убедись сам в правдивости этих фактов и подумай о том, что никогда Ты не вернешься к своей семье, если будешь продолжать дальше эту бесполезную борьбу, обрекающую тебя на смерть или увечье.

Эта листовка действительна как пропуск.
Dieses Flugblatt gilt als Passierschein.

Schukows Plan ist zusammengebrochen.
Die Deutsche Armee ist nach wie vor stark.
Rotarmist!

Hier die Fakten!
Mache dich bekannt mit der Wahrheit, die du im Bericht des deutschen Oberkommandos vom 9. April 1944 findest

Im Rayon Kamenec-Podolsk haben starke Kräfte bestehend aus deutschen bewaffneten Teilen und Einheiten der SS unter dem Kommando des Generals der Panzerstreitkräfte Hube in zweiwöchigen Kämpfen gegen zahlenmäßig erheblich überlegene Kräfte des Gegners den Versuch der Vernichtung unserer kämpfenden Teile mittels Einkreisung zerschlagen.
In Folge der erbitterten Kämpfe wurden die heftigen Widerstand leistenden Verbände des Gegners zerschlagen und eine Verbindung mit den vom Westen herangeführten Truppenteilen der vorrückenden bewaffneten Kräfte und Einheiten der SS hergestellt.
Unsere Panzerkräfte und Infanterie haben erbitterte Abwehrkämpfe gegen aus dem Norden, Osten und Süden nachstoßende sowjetische Truppen geführt. Der Feind erlitt schwere blutige Verluste, er verlor in diesen Kämpfen 352 Panzer und an Sturmgerät 190 Stück und eine große Menge verschiedener Munition.

Rotarmist!

Überzeuge dich selbst von der Wahrheit dieser Fakten und denke daran, dass du niemals zu deiner Familie zurückkehrst, wenn du weiter diesen zwecklosen Kampf fortsetzt, der dich zum Tod oder zur Verkrüppelung verurteilt.
Dieses Flugblatt gilt als Passierschein.

Вас гонят на верную смерть.
Спасай свою жизнь.
Дружественное отношение к бывшему неприятелю.
Товарищи, переходите и вы. Мы здесь в безопасности.
Для германской народной армии препятствий не существует

Бойцы Красной армии!

Все дальше и дальше продвигаются победоносно наступающие Германские войска и их союзники. Немецкие солдаты стоят уже у дверей Кавказа! Что поможет Сталину его отчаянный вопль „Ни шагу назад!“?

Всякое дальнейшее сопротивление — нелепое самоубийство!

Вы должны жить, если хотите служить своей Родине!

Штыки в землю! И скорее к немцам или домой!

ПРОПУСК

Эта листовка действительна до конца войны, как пропуск для неограниченного числа бойцов, командиров и политработников Красной армии. С пленными немцы обращаются хорошо. С перешедшими добровольно на нашу сторону обращение особенно хорошее.

Если вам дорога ваша жизнь, решайтесь скорее!

DEUTSCHE WEHRMACHT

PASSIERSCHEIN

Dieses Flugblatt gilt als Passierschein für eine unbegrenzte Anzahl von Soldaten, Offizieren und Politarbeitern der Roten Armee. Es ist bis zum Ende des Krieges gültig. Die Deutschen behandeln ihre Gefangenen gut. Wer aber freiwillig übergeht, der wird bevorzugt behandelt.

Wenn Euch Euer Leben lieb ist, handelt schnell!

A3 019

Man hetzt sie in den sicheren Tod
Rette dein Leben
Freundschaftliche Beziehungen zum ehemaligen Feind
Genossen, kommt auch ihr herüber. Wir sind hier in Sicherheit.
Für die deutsche nationale Armee gibt es keine Hindernisse.

Soldaten der Roten Armee!

Immer weiter und weiter dringen die siegreichen deutschen Heere und ihre Verbündeten vor. Deutsche Soldaten stehen schon vor den Türen des Kaukasus! Was hilft da schon Stalins verzweifelter Klageruf »Keinen Schritt zurück!«.
Jeder weiterer Widerstand ist der reinste Selbstmord! Ihr müsst leben, wenn ihr eurem Russland dienen wollt!
Bajonette nieder! Und schnell zu den Deutschen oder nach Hause!

Passierschein

Эта фотография изображает Ваших товарищей
перешедших к нам

Пропуск.	**Ausweis.**
Пред'явитель сего, нежелая бессмысленного кровопролития, добровольно оставляет Красную Армию и переходит к немцам в твердой уверенности, что его ожидает доброе обращение.	Vorzeiger dieses wünscht kein sinnloses Blutbad. Er verläßt freiwillig die Rote Armee und geht zu den Deutschen über. Er ist fest überzeugt, daß ihm gute Behandlung zuteil wird.
[Рядом: в переводе на немецком языке.]	(Übersetzung ins Russische nebenstehend.)
	000 115 RA

ТОВАРИЩИ КРАСНОАРМЕЙЦЫ!

Многие из Вас добровольно перешли к нам. Они рассказывают, что комиссары и политруки запугивают Вас, будто немцы мучают или даже убивают пленных.

Не верьте обманщикам!

Ваши товарищи уже на себе испытали, что немцы по-человечески обращаются с пленными.

Зачем-же Вам зря проливать Вашу кровь?

Следуйте примеру Ваших товарищей:

Спокойно переходите к нам!

Diese Fotografie zeigt eure Genossen, die zu uns übergelaufen sind.

Genossen Rotarmisten!

Viele von euch sind freiwillig zu uns übergelaufen. Sie erzählen, dass die Kommissare und Politruks euch verängstigen, dass die Deutschen die Gefangenen foltern oder töten.
Glaubt nicht den Betrügern!
Eure Genossen haben selbst erfahren, dass die Deutschen menschlich mit den Gefangenen umgehen.
Warum sollt ihr umsonst euer Blut vergießen?
Folgt dem Beispiel eurer Genossen:
Kommt ruhig zu uns!

Долой жидовское засилье!

ЗАВЕТНОЕ СЛОВО ФОМЫ СМЫСЛОВА,
РУССКОГО БЫВАЛОГО СОЛДАТА

О ЗАВЕЩАНИИ ДЕДА

Послушайте ребята, что рассказал мне дед,
Земля наша богата, порядка лишь в ней нет.
Жила то Русь могучая, велика и крепка,
Богатая и мощная была наша страна!
Пришла беда великая, пошла тут кутюрьма,

И всюду завелася принаглая орда!
Кто там с портфелем возится? Кто зав'ом там сидит?
Один ответ лишь просится: пархатый всюду жид!
Настало лихолетие и грянула война,
Всему-ж вина проклятого, поганого жида!
У немца с русским не было во много спор веков,
Но жид в Кремле завелся — и полилася кровь!
Жиду в войне что страдной? Чтоб Хайма Ицик цвел,
От их наживы жадной народ чтоб не ушел!
Жид по тылам устроился, где пули не свистят,
Оттуда он усвоился на бойню гнать ребят!
Нам с немцем спорить не о чем, мы много славных лет
Живали с ним соседями, видали вместе бед.
Мы били дружно с немцами не раз наших врагов,
Но не было в правительстве тогда у нас жидов!
Послушайте ребята, что завещал мне дед:
«Земля наша богата, жиду-ж в ней места нет!»

Прочитав передай товарищу!

Nieder mit der Judenbrut!
Vermächtnis von Foma Smyslov, eines ehemaligen russischen Soldaten

---

Über das Vermächtnis des Großvaters
Hört Kinder, was mir mein Großvater erzählt hat. Unser Land ist reich, Ordnung gibt es noch keine, es lebte Russland mächtig, groß und stark, reich und mächtig war unser Land! Es kam großes Elend, es kam Tyrannei und überall fand sich eine freche Horde ein! Wer lässt sich mit einem Portfeuil fahren? Wer sitzt dort als Chef? Nur eine Antwort ist erbeten: Überall ein Jude!
Es brach plötzlich der Krieg aus an allem Schuld der verfluchte dreckige Jude! Beim Deutschen mit dem Russen gab es seit Jahrhunderten nicht viel Streit, aber der Jude hat sich im Kreml eingeführt und schon vergoss man Blut! Was erntet der Jude im Krieg? Damit Chaim Itzik gedeiht.
Der Jude hat sich im Hinterland niedergelassen, wo keine Kugeln pfeifen, von da hat er sich angeschickt, Kinder in den Krieg zu schicken! Wir haben mit den Deutschen nichts zu streiten, viele ruhmreiche Jahre lang. Wir lebten mit ihnen als Nachbarn, haben mit einander Leid gesehen, wir waren mit den Deutschen freundlich, nie unsere Feinde, aber damals gab es in der Regierung keine Juden! Hört, Burschen, was mir mein Großvater zugeflüstert hat: »Unser Land ist reich, wenn es in ihm für die Juden keinen Platz gibt.«

Lies und gib an Genossen weiter!

Бойцы!
Поспешите перейти
на нашу сторону!
Суп готов!

ПРОПАГАНДИСТЫ

КРАСНОЙ АРМИЙ

захлебываясь, вопят во все горло, о якобы зверских отношениях с бойцами и офицерами Красной Армий, каким-либо чудом попавшими в немецкий плен. Бойцы! Уже тысячи из Вас перешли на нашу сторону и всем им оказан хороший прием. И Вам, в случае перехода на немецкую сторону будет оказан надлежащий прием и обеспечено равноправное место в дружной семье народов новой Европы без жидов, большевиков и капиталистов. А поэтому не медли и переходи к нам. Дорога к нам, это дорога в жизнь.

Право на жизнь — на убежище до конца войны, на возвращение домой в первую очередь — дает Вам Приказ No. 13 верховного Командования Германской Армии. Используй это право.

Эта листовка действительна как пропуск

Dieses Flugblatt gilt als Passierschein

NA 102

Soldaten!
Beeilt euch auf unsere Seite herüber zu kommen!
Die Suppe ist fertig«!

Propagandisten der Roten Armee

schluchzen, heulen aus voller Kehle über angeblich bestialisches Verhalten gegenüber Soldaten und Offizieren der Roten Armee, die durch irgendein Wunder in deutsche Gefangenschaft geraten sind. Soldaten! Schon Tausende von euch sind auf unsere Seite übergelaufen und allen wurde ein guter Empfang zuteil. Auch euch wird im Falle eines Wechsels auf die deutsche Seite ein korrekter Empfang erwiesen und ein gleichberechtigter Platz in der freundschaftlich verbundenen Völkerfamilie des neuen Europa zugesichert, ohne Juden, Bolschwiken und Kapitalisten. Und deshalb zögere nicht und komme herüber zu uns. Der Weg zu uns, das ist der Weg ins Leben.
Das Recht auf Leben – auf Asyl bis Kriegsende, auf Rückkehr nach Hause in erster Linie – gibt euch der Befehl Nr. 13 des Oberkommandos der Deutschen Armee. Nutze dieses Recht.

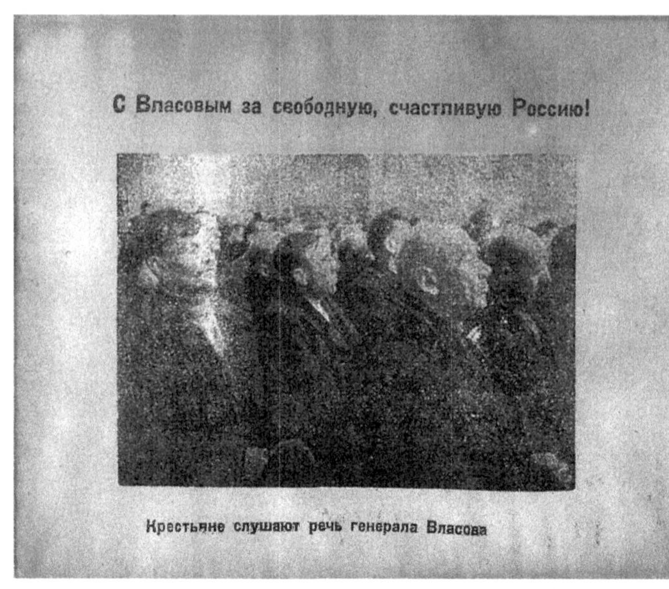

С Власовым за свободную, счастливую Россию!

Крестьяне слушают речь генерала Власова

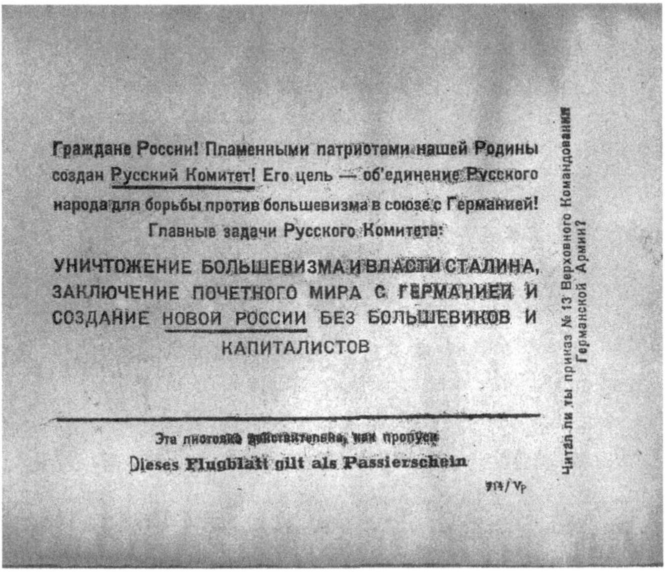

Граждане России! Пламенными патриотами нашей Родины создан Русский Комитет! Его цель — об'единение Русского народа для борьбы против большевизма в союзе с Германией!

Главные задачи Русского Комитета:

УНИЧТОЖЕНИЕ БОЛЬШЕВИЗМА И ВЛАСТИ СТАЛИНА, ЗАКЛЮЧЕНИЕ ПОЧЕТНОГО МИРА С ГЕРМАНИЕЙ И СОЗДАНИЕ НОВОЙ РОССИИ БЕЗ БОЛЬШЕВИКОВ И КАПИТАЛИСТОВ

Эта листовка действительна, как пропуск

Dieses Flugblatt gilt als Passierschein

914/Vp

Читал ли ты приказ № 13 Верховного Командования Германской Армии?

Mit Wlasov für ein freies und glückliches Russland!
Bauern hören eine Ansprache von General Wlasov.

Bürger Russlands! Von feurigen Patrioten unserer Heimat wurde das Russische Komitee gegründet. Sein Ziel ist die Vereinigung des russischen Volkes für den Kampf gegen den Bolschewismus im Bund mit Deutschland!
Die Hauptaufgaben des Russischen Komitees:
Vernichtung des Bolschewismus und der Macht Stalins, Abschluss eines ehrenhaften Friedens mit Deutschland und Schaffung eines neuen Russland ohne Bolschewiken und Kapitalisten.
Hast du den Befehl Nr. 13 des Oberkommandos der Deutschen Armee gelesen?

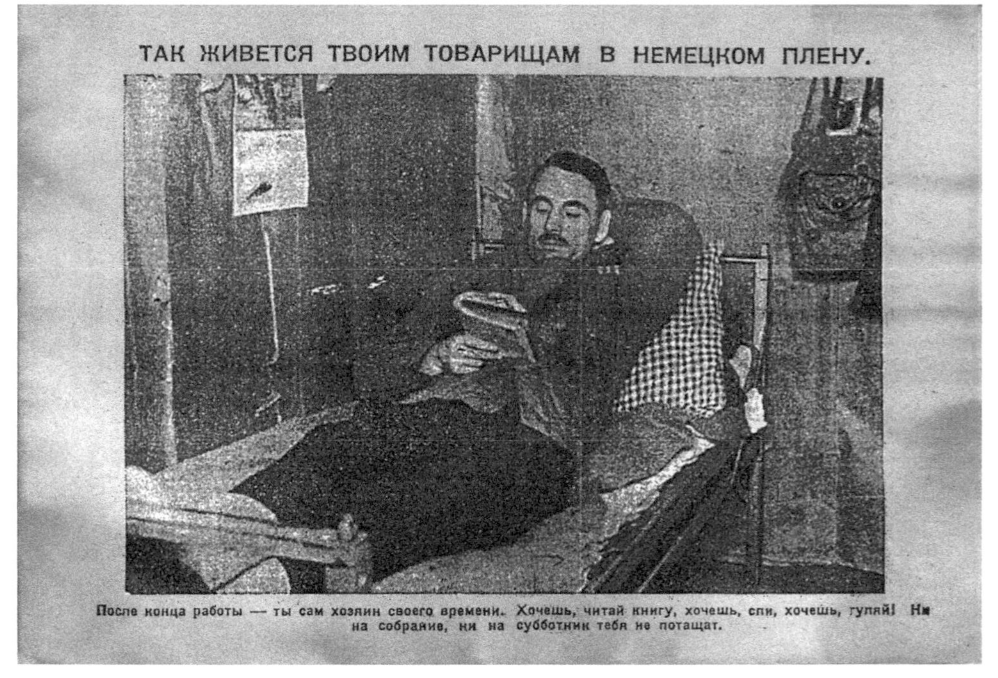
ТАК ЖИВЕТСЯ ТВОИМ ТОВАРИЩАМ В НЕМЕЦКОМ ПЛЕНУ.
После конца работы — ты сам хозяин своего времени. Хочешь, читай книгу, хочешь, спи, хочешь, гуляй! Ни на собрание, ни на субботник тебя не потащат.

Бойцы! Командиры!

Сталин и его приспешники, в интересах интернационального капитала и евреев, гонят вас на верную смерть. Гонят в то время, как в освобожденных от большевиков областях строится новая жизнь без каторжных колхозов, без капиталистов, без помещиков, без потогонной стахановщины и социалистических соревнований!

Решайтесь:

Хотите вы умереть или жить?

У нас вы будете жить!

С пленными мы обращаемся хорошо. С перешедшими добровольно на нашу сторону, по новому приказу Гитлера, — обращение еще лучше: они получают особое удостоверение, обеспечивающее им лучшее питание и ряд других льгот. Желающих работать, мы устраиваем на работу по специальности.

ПРОПУСК

Этот пропуск действителен для неограниченного числа бойцов и командиров Красной Армии. Германское командование не публикует списков военнопленных. Их имена об'являются только по их личному желанию и только в том случае, если их родственники находятся на освобожденной от большевиков территории.

Этот пропуск действителен до конца войны.

Dieser Passierschein gilt für Offiziere und Mannschaften der Sowjetarmee.

Переходить на сторону Германских войск можно и без пропуска: Достаточно крикнуть «*штыки в землю!*»

361 RA/vp

So leben deine Genossen in der deutschen Gefangenschaft.
Nach Arbeitsende – bist du Herr über deine Zeit. Wenn du willst, dann lies ein Buch, schlafe, geh spazieren! Weder zu einer Versammlung noch zu einem Subbotnik wirst du gezwungen.

Soldaten! Kommandanten!

Stalin und seine Helfershelfer, im Interesse des internationalen Kapitals und der Juden treiben euch in den sicheren Tod. Sie jagen euch zu der Zeit, in der in den von den Bolschewiken befreiten Gebieten ein neues Leben entsteht ohne Zwangskolchosen, ohne Kapitalisten, ohne Gutsbesitzer, ohne ausbeuterisches Stachanowsystem und sozialistischen Wettbewerb!
Entscheidet euch!
Wollt ihr sterben oder leben?
Bei uns werdet ihr leben!

Gefangene behandeln wir gut. Mit Personen, die freiwillig auf unsere Seite gewechselt sind, nach neuem Befehl Hitlers wird noch besser umgegangen: Sie erhalten ein persönliches Dokument, das ihnen bessere Verpflegung und eine Reihe anderer Privilegien sicher stellt. Denjenigen, die arbeiten wollen, besorgen wir entsprechend ihrer Ausbildung Arbeit.

Passierschein

Бей жида - политрука, рожа просит кирпича!

Комисары и политруки принуждають вас к бессмысленному сопротивлению.

Переходите к немцам пользуясь либо лозунгом:

Бей жида-политрука, рожа просит кирпича!

0 RA

либо пропуском:

Пропуск действителен для неограниченного количества переходящих на сторону германских войск командиров и бойцов РККА.

ПРОПУСК

Пред'явитель сего, не желая бессмысленного кровопролития за интересы жидов и комиссаров, оставляет побежденную Красную Армию и переходит на сторону Германских Вооруженных Сил. Немецкие офицеры и солдаты окажут перешедшему хороший прием, накормят его и устроят на работу.

(Перевод на немецкий язык смотри рядом)

Passierschein

Vorzeiger dieses wünscht kein sinnloses Blutbad im Interesse der Juden und Kommissare. Er verläßt die geschlagene Rote Armee und geht auf die Seite der deutschen Wehrmacht über. Die deutschen Offiziere und Soldaten werden den Überläufer gut behandeln, ihn verpflegen und für Beschäftigung sorgen

Der Passierschein gilt für eine unbeschränkte Anzahl von Offizieren und Soldaten der Roten Armee, die zur deutschen Wehrmacht übergehen

Командиры и бойцы Красной Армии!

Ваше положение безнадежно.

Все теснее и теснее сжимается железное кольцо германских войск вокруг вас.

Вам не хватает боеприпасов, снабжения и продовольствия, ваши правители и вожди ни к чему не способны, бегут и оставляют вас на произвол судьбы.

Многих из вас комвласть до сих пор угнетала и лишала всех прав, теперь же она пользуется вами для защиты своего режима.

Ваша борьба бесполезна!

Разве это допустимо, чтобы ваше начальство из упрямства все еще беспощадно гнало вас на неизбежную смерть?

Нет – вам ваша жизнь дорога! Сохраните же ее для лучшего будущего и для ваших семей.

ПЕРЕХОДИТЕ К НЕМЦАМ — ТАМ ВАС ЖДЕТ ХОРОШЕЕ ОБРАЩЕНИЕ и пропитание, а также скорое возвращение на родину.

Торопитесь!

Немцы в занятых ими областях уже приступают к разрешению земельного вопроса.

Красноармейцы, не опоздайте, иначе вы останетесь без земли!

Schlag den jüdischen Politruk, die Fresse bettelt um einen Ziegel! Die Kommissare und Politruks zwingen euch zu einem widersinnigen Widerstand.

Jagt die Kommissare davon und lauft zu den Deutschen über. Lauft zu den Deutschen über mit der Losung: Schlag den jüdischen Politruk, die Fresse bettelt um einen Ziegel!

Passierschein

Kommandanten und Soldaten der Roten Armee!

Eure Situation ist hoffnungslos.
Immer enger zieht sich der eiserne Ring der deutschen Heere um euch.
Euch fehlt es an Munition, an Versorgung, an Lebensmitteln, eure Führer sind dazu nicht fähig, laufen davon und überlassen euch dem Schicksal.
Viele von euch hat die kommunistische Herrschaft bis heute unterdrückt und aller Rechte beraubt, jetzt missbraucht sie euch zur Verteidigung ihres Regimes.

Euer Kampf ist zwecklos!

Ist es denn zulässig, dass eure Führung aus Starrsinn euch grausam in den unausweichlichen Tod treibt?
Nein – euch ist das Leben teuer! Retten euch es für eine bessere Zukunft und für eure Familien.

Lauft zu den Deutschen über – dort erwartet euch gute Behandlung und Versorgung und eine baldige Rückkehr in die Heimat.
Beeilt euch!
Die Deutschen machen sich in den von ihnen besetzten Gebieten an die Lösung der Landwirtschaftsfrage.
Rotarmisten, zögert nicht, sonst bleibt ihr ohne Land!

Бей жида - политрука, рожа просит кирпича!
Ваша борьба бесполезна! Ваше положение безнадежно.
Разве это допустимо, чтобы ваше начальство из упрямства все еще беспощадно гнало вас на неизбежную смерть? ПЕРЕХОДИТЕ К НЕМЦАМ!
Торопитесь!
Пропуск действителен для неограниченного количества переходящих на сторону германских войск командиров и бойцов РККА.
ПРОПУСК
Пред'явитель сего, не желая бессмысленного кровопролития за интересы жидов и комиссаров, оставляет побежденную Красную Армию и переходит на сторону Германских Вооруженных Сил. Немецкие офицеры и солдаты окажут перешедшему хороший прием, накормят его и устроят на работу.
Passierschein

Командиры и бойцы Красной Армии!

Все дальше и дальше продвигаются победоносно наступающие Германские войска и их союзники. Немецкие солдаты стоят уже у дверей Кавказа! Что поможет Сталину его отчаянный вопль „Ни шагу назад!"?

Всякое дальнейшее сопротивление — целевое самоубийство!

Вы должны жить, если хотите служить своей Родине!

Ваше же сопротивление заставит Германское Главное Командование применить в бою новейшую технику.

Вы отлично знаете, что германская авиация в состоянии уничтожить ваши отступающие части, ваши города и села.

Радиус действия нашей авиации увеличивается с каждым днем: от Ледовитого океана через Волгу до Каспийского моря и до юга Кавказа она парализует всякое движение, подвоз продовольствия в помощь ваших капиталистических союзников.

Ваш фронт уже расчленен нашими войсками на две части, Кавказские армии отрезаны и разгромлены.

Вы нуждаетесь в боеприпасах и в амуниции. Оружие, выданное вам, оказалось плохим, а то, что смогут вам дать в дальнейшем, будет еще худшим браком, грубо изготовленным и непригодным к действию.

Поэтому многие из ваших командиров и политработников и большинство бойцов больше не верят в победу неправого дела Сталина.

Жаль каждого, отдающего при таких условиях свою жизнь. Чтобы спастись от разящего действия немецких летчиков, у вас есть только один выход: перейти, как можно скорее, на сторону Германских войск.

Штыки в землю! И скорее к немцам или домой!

Ваше положение безнадежно. ПЕРЕХОДИТЕ К НЕМЦАМ — ТАМ ВАС ЖДЕТ ХОРОШЕЕ ОБРАЩЕНИЕ и пропитание, а также скорое возвращение на родину.

Ваша борьба бесполезна! Гоните комисаров и переходите к немцам.

Schlage den jüdischen Politruk, die Visage bettelt um den Ziegelstein!
Euer Kampf ist zwecklos! eure Lage hoffungslos.
Ist es denn zulässig, dass eure Führung immer noch aus Starrsinn euch unerbittlich in den unausweichlichen Tod jagt?
Kommt zu den Deutschen!
Beeilt euch!

Passierschein
Kommandanten und Soldaten der Roten Armee!

Immer weiter und weiter dringen die siegreichen deutschen Heere und ihre Verbündeten vor. Deutsche Soldaten stehen schon vor den Türen des Kaukasus! Was hilft da schon Stalins verzweifelter Klageruf »Keinen Schritt zurück!«.
Jeder weiterer Widerstand ist der reinste Selbstmord! Ihr müsst leben, wenn ihr eurem Russland dienen wollt!
Euer Widerstand zwingt das Deutsche Oberkommando im Kampf die neueste Technik anzuwenden.
Ihr wisst nur zu gut, dass die deutsche Luftwaffe in der Lage ist, eure zurückweichenden Teile, eure Städte und Dörfer zu vernichten.
Der Aktionsradius unserer Luftwaffe erweitert sich mit jedem Tag: Vom Eismeer über die Wolga zum Kaspischen Meer und in den Süden des Kaukasus paralysiert sie jede Bewegung, jeden Transport von Lebensmitteln und Hilfslieferungen [zwei unleserliche Wörter]

Eure Front ist schon von unseren Truppen in zwei Teile aufgebrochen, die Kaukasusarmeen abgeschnitten und zerschlagen.
Sie haben Mangel an Munition und Ausrüstung. Die ihnen ausgefolgte Bewaffnung erwies sich als schlecht und was sie noch bekommen werden wird noch schlimmerer Ausschuss sein, absolut unbrauchbar. [sinngemäße Übersetzung weil Wörter unleserlich]
Deshalb glauben viele von eure Kommandanten und Politarbeitern und die Mehrheit der Soldaten nicht mehr an den Sieg der falschen Sache Stalins.
Schade um jeden, der unter diesen Bedingungen sein Leben gegeben hat. Um sich vor den Aufklärungsaktionen der deutschen Flieger zu retten gibt es für euch nur einen Ausweg: so schnell wie möglich auf die Seite der Deutschen Heere zu wechseln.

Die Bajonette nieder! Und schneller zu den Deutschen oder nach Hause!

Eure Lage ist hoffnungslos. Geht auf die Seite der Deutschen – dort erwartet euch gute Versorgung und Verpflegung und auch baldige Heimkehr in die Heimat.
Ihr Kampf ist zwecklos! Verjagt die Kommissare und lauft über zu den Deutschen.

В швальне лагеря военнопленных починка обуви и обмундирования военнопленных происходит беспрестанно. Для нужд военнопленных приобретаются также и новые вещи.

Слушайте, что говорят вам ваши товарищи!

Военнопленный Н.С.В., взятый в плен 22. III. 43., заявил:

„Часть моих товарищей получила зимние американские шинели. На ощупь эти шинели казались плотными, но на деле они лопались по швам и совсем не грели. Товарищи часто высказывали мнение, что англичане и американцы умышленно нас снабдили плохим материалом, чтобы война длилась как можно дольше. Россия, по их мнению, должна потерять как можно больше крови и ослабнуть. Англия и Америка хотят быть единственными победителями.“

Фотографии и имена военнопленных публикуются только по их особому желанию.

Переходите к нам! Мы хорошо обращаемся с пленными и особенно с перешедшими на нашу сторону добровольно!

PASSIERSCHEIN

ПРОПУСК — Passierschein

Deutsche Wehrmacht

Ш. В З.

Пропуск действителен для неограниченного числа командиров, бойцов и политработников РККА, переходящих на сторону Германских Вооруженных Сил, их союзников, Русской Освободительной Армии и украинских, кавказских, казачьих, туркестанских и татарских освободительных отрядов.

Dieser Passierschein gilt für Offiziere, Politarbeiter und Mannschaften der Sowjetarmee

Переходить можно и без пропуска: достаточно поднять обе руки и крикнуть «Сталин капут» или

«ШТЫКИ В ЗЕМЛЮ!»

664/IV 43

Wahrheit über die Kriegsgefangenen in deutscher Gefangenschaft

In der Näherei des Kriegsgefangenenlagers werden ununterbrochen Schuhe und Uniformen der Kriegsgefangenen repariert. Für die Bedürfnisse der Kriegsgefangenen werden auch neue Sachen erworben.

Hört, was euch eure Genossen sagen!

Der Kriegsgefangene N.S.V., am 22.3.43 in Gefangenschaft geraten, hat erklärt:
»Ein Teil meiner Genossen erhielt amerikanische Wintermäntel. Beim Betasten fühlten sie sich dicht an, aber in Wirklichkeit rissen sie in den Nähten und wärmten überhaupt nicht. Die Genossen äußerten häufig die Meinung, dass die Engländer und Amerikaner uns mit schlechtem Material versorgten, damit der Krieg möglichst lang dauert. Russland muss ihrer Meinung nach so viel Blut wie möglich verlieren und schwach werden. England und Amerika wollen die einzigen Sieger werden.«

Kommt zu uns! Wir gehen gut mit den Gefangenen um ... Passierschein

Разговор в тыловом штабе

В тыловом штабе, далеко за фронтом, встретилось два комиссара.

— Абрамович, вы теперь уже не комиссар? Какая жаль, ведь это же и на фронт попасть раз плюнуть...

— Что значит я не комиссар? Я теперь лучше чем комиссар! Я таки теперь стал себе полковник. И полковник я не на фронте, а где бы вы себе думали? Я полковник в заградотряде...

— Вы умный человек, Абрамович, но я таки тоже не дурак — я таки тоже променял своего паршивого батальонного комиссара на майора и теперь сижу замполитом в интендантстве...

— Я так и знал, Хайкин, что у вас умная еврейская голова...

Потирая руки, оба умных еврея разошлись в разные стороны.

... А в это время русские бойцы и командиры проливали кровь на фронте, ведя бессмысленную, давно ставшую безнадежной, борьбу.

Они отдавали и отдают свои жизни...

За что?!..

PASSIERSCHEIN

ПРОПУСК

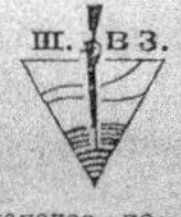

Действителен до конца войны для неограниченного числа бойцов, командиров и политработников Красной Армии. С перешедшими добровольно, по новому приказу Гитлера, мы обращаемся особенно хорошо, — они получают специальное удостоверение. Германское командование не публикует списков военнопленных. Желающих работать, мы устраиваем по специальности. — Не забудьте взять с собой шинели и котелки!

Dieser Passierschein gilt für Offiziere, Politarbeiter und Mannschaften der Sowjetarmee

570 KP/X. 42

Gespräch im Stab im Hinterland

Im Stab im Hinterland, weit von der Front entfernt treffen sich zwei Kommissare.

- Abramowitsch, Sie sind jetzt kein Kommissar mehr? Wie schade, auch einmal an die Front zu kommen, darauf zu pfeifen ...
- Was heißt ich bin kein Kommissar? Ich bin jetzt etwas Besseres als ein Kommissar! Ich bin doch jetzt Oberst geworden. Und Oberst bin ich nicht an der Front, was hätten Sie sich gedacht? Ich bin Oberst in der Kontrollabteilung zur Verhinderung von Schleichhandel.
- Sie sind ein vernünftiger Mensch, Abramowitsch, aber ich bin ein Trottel – ich habe meinen lausigen Batallionskommissar gegen einen Major getauscht und sitze als Sampolit in der Intendatur
- Ich habe das gewusst, Chajkin, dass Sie einen vernünftigen jüdischen Kopf haben ...

Sich die Hände schüttelnd gingen die beiden klugen Juden auseinander.
Und zur selben Zeit vergossen russische Soldaten und Kommandanten ihr Blut an der Front, einen sinnlosen, lange schon hoffnungslos gewordenen Kampf führend.
Sie gaben und geben ihre Leben ...
Wofür?

Passierschein

3 года войны
а где отпуск?

Почему Вам, бойцам и командирам пробывшим на фронте уже три года, не предоставляют короткого отпуска домой к семье.

Да только потому, что бы Вы не знали и не видели что твориться в тылу и Вашем доме.

Три года Ваши жены и дети не знают сытого дня, а города и села переполнены жидами-спекулянтами, которые живут за счет труда Ваших семей.

Эти жиды–спекулянты принуждают русских и украинских женщин и девушек, жен командиров и красноармейцев за кусок хлеба продавать им свое тело.

БОЙЦЫ, КОМАНДИРЫ И ПОЛИТРАБОТНИКИ!

Ваш святой долг начать вторую революцию за счастье Родины, Ваших семей. Знайте,что победа за Вами, так как оружие в Ваших руках.

Спасайте Отечество от жидовского хама!

Долой предателей России - жидовских пособников!

СМЕРТЬ ЖИДОВСКОМУ БОЛЬШЕВИЗМУ!

ВПЕРЕД, ЗА СВОБОДУ, ЗА СЧАСТЬЕ ЗА ЖИЗНЬ!

SKZ 119 *Эта листовка действительна как пропуск.*

3 Jahre Krieg
Und wo ist der Urlaub?

Warum wird euch, den Soldaten und Kommandanten, die ihr schon drei Jahre an der Front steht, kein kurzer Urlaub daheim bei der Familie gegönnt?
Ja nur deswegen, weil ihr nicht wissen und sehen sollt, was im Hinterland zu Hause passiert.
Drei Jahre kennen eure Frauen und Kinder keinen Tag an dem sie satt wurden und die Städte und Dörfer sind überfüllt mit jüdischen Spekulanten, die auf Kosten der Arbeit eurer Familien leben.
Diese jüdischen Spekulanten zwingen russische und ukrainische Frauen und Mädchen, Frauen von Kommandanten und Rotarmisten für ein Stück Brot ihnen ihren Körper zu verkaufen.
Soldaten, Kommandanten, Politarbeiter!

Eure heilige Pflicht ist es eine zweite Revolution für das Glück Russlands, eurer Familien zu beginnen. Wisset, der Sieg ist hinter euch, so wie die Waffen in euren Händen.
Rettet das Vaterland von den jüdischen Schurken!
Nieder mit den Verrätern Russlands – den jüdischen Helfershelfern!
Tod dem jüdischen Bolschwismus!
Vorwärts für die Freiheit, für das Glück für das Leben!

Dieses Flugblatt gilt als Passierschein.

Подумай о твоей семье!

ГРАЖДАНЕ!

Красная Армия, разбитая на всех фронтах, безнадежно и бессмысленно сопротивляясь, докатится скоро до вас. Истребительные отряды НКВД получили строгий приказ от Сталина УНИЧТОЖАТЬ ВСЕ ПЕРЕД СВОИМ БЕГСТВОМ.

Там, где им удалось это сделать, население осталось без крова над головой и без куска хлеба. Там же, где сами жители не допустили преступного уничтожения продуктов, средств производства и возможностей заработка, жизнь восстановилась на новых и справедливых началах. Засеяны озимые, собран урожай, работают фабрики и заводы. Рабочие получают зарплату, дающую им возможность сытой безбедной жизни.

ПЕРЕД ВАМИ СТОИТ ВЫБОР! Допустить преступное уничтожение вашего хлеба и народного достояния и обречь себя и своих детей на голодную, холодную зиму, или сохранить это все и начать строить новую жизнь без эксплоататоров и вымогателей коммунистов, капиталистов и жидов!

ГРАЖДАНЕ!

ВОЙНА СТАЛИНЫМ ПРОИГРАНА. Обреченный на неизбежное падение, он хочет „хлопнуть дверью", хочет чтобы конец его преступной тирании сопровождался бедствием, голодом и страданиями всего народа. Не допускайте этого!

БЕРЕГИТЕ НАРОДНОЕ ИМУЩЕСТВО!
НЕ ДАВАЙТЕ УНИЧТОЖАТЬ ВАШ ХЛЕБ,
ВАШИ ДОМА, ВАШЕ ДОБРО!

Германская Армия борется только против преступной жидовско-сталинской власти!

ОНА БОРЕТСЯ ЗА ВАШЕ ОСВОБОЖДЕНИЕ!

Мы несем вам свободу религии, освобождение от сталинской эксплоатации, террора и нищеты!

216 В

Denk an deine Familie!

Bürger!

Die Rote Armee, die an allen Fronten geschlagen und deren weiterer Widerstand hoffnungslos ist, wird bald bis zu euch zurückgeworfen werden.

Die Vernichtungsabteilungen haben von Stalin den strengen Befehl erhalten, vor der Flucht alles zu vernichten. Dort, wo sie diesen Auftrag durchgeführt haben, ist die Bevölkerung ohne Obdach und ohne Brot geblieben. Dort, wo die Bevölkerung die verbrecherische Vernichtung der Vorräte und der Arbeitsmittel verhindert hat, hat ein neues Leben auf gerechter Grundlage begonnen. Die Felder sind bestellt, die Ernte ist eingebracht, die Fabriken arbeiten. Die Arbeiter erhalten einen Lohn, der ihnen die Möglichkeit gibt, ein menschenwürdiges Leben zu führen.

Ihr habt die Wahl: Entweder lasst ihr die verbrecherische Vernichtung eures Getreides und des Volksgutes zu, und damit liefert ihr euch und eure Kinder dem Hunger und dem kalten Winter aus, oder aber ihr bewahrt alles und beginnt den Aufbau eines neuen Lebens ohne Ausbeutung und Peinigungen seitens der Kommunisten, Kapitalisten und Juden.

Bürger! Stalin hat den Krieg verloren. Sein Sturz ist unwiderruflich. Bevor er abtritt, möchte er noch einmal die Tür laut zuknallen. Er will, dass das Ende seiner verbrecherischen Diktatur Armut, Hunger und L eid dem ganzen Volk bringe. Lasst das nicht zu, schützt das Volksvermögen, lasst euer Getreide, eure Häuser euer Gut nicht vernichten!

Die deutsche Wehrmacht kämpft nur gegen das verbrecherische jüdische Stalinregime, sie kämpft für eure Befreiung. Wir bringen euch Freiheit der Religion, Gerechtigkeit und Befreiung von Ausbeutung, Terror und Armut.

Жги, товарищ! Жги хлеб свой насущный; жги достояние твоего народа! Жги свою будущность!

Граждане!

Вопреки советской лживой пропаганде Германская Армия быстро приближается к вам. Перед вами встает грозный вопрос — ЧТО ДЕЛАТЬ?

Сталин требует эвакуации всех мужчин. Он приказывает при отступлении уничтожать все, что нельзя увезти с собой.

Подумали ли вы — ЧТО ЭТО ЗНАЧИТ?

Эвакуация в зимние морозы — это лишения, голод и муки. Уничтожение запасов — это нищета и голодная смерть. Подумали ли о том, как и с чем останутся жить ваши семьи, жены и дети?

Война скоро кончится! Вы вернетесь в ваши города и села!

КАК СМОЖЕТЕ ВЫ НАЧАТЬ НОВУЮ ЖИЗНЬ, ЕСЛИ БУДУТ УНИЧТОЖЕНЫ ВАШИ ЗАВОДЫ, ВАШИ ДОМА, ВАШ ХЛЕБ?

Ослепленный ненавистью к немцам, Сталин хочет превратить весь Советский Союз в пылающий костер. Ему безразлично, что этим он ставит под угрозу вымирания от голодной смерти весь народ. Быстрое продвижение Германских войск показало, что преступные мероприятия Сталина не действительны против ударной силы нашей армии.

Не заставляйте ваших матерей, жен и детей просить милостыню у немецкого солдата, не оставляйте их нищими, голодными, без крова над головой.

ОХРАНЯЙТЕ ВАШЕ ДОБРО ОТ УНИЧТОЖЕНИЯ!

Запоминайте имена тех, кто уничтожает то, что вам нужно будет для жизни завтра! Когда настанет час расплаты, имена эти будут нужны!

217 B

Wem nützt das!

Verbrenne Genosse! Verbrenne dein tägliches Brot; verbrenne die Errungenschaften deines Volkes! Verbrenne deine Zukunft!

Bürger!

Schneller als die Sowjetpropaganda es wahr haben wollte, rückt der Krieg in eure Nähe. Damit entsteht für euch die Frage, was ihr tun sollt. Stalin will, dass alle Männer evakuiert werden. Stalin befiehlt bei Annäherung der Deutschen alles zu vernichten, was nicht weggeschafft werden kann. Denkt einmal nach, was das bedeutet! Evakuierung im kalten Winter bedeutet unsagbares Leiden. Die Vernichtung der Vorräte bringt Hunger und Elend. Wovon sollen eure Frauen und Kinder leben, die ihr zurücklassen sollt? Der Krieg wird bald zu Ende sein. Dann werdet ihr in eure Dörfer und Städte zurückkehren wollen. Glaubt ihr, dass ihr dort wieder glücklich werden könnt, wenn ihr jetzt zulasst, dass eure Arbeitsstätten, eure Wohnhäuser und Vorräte vernichtet werden? Stalin möchte in seinem wütenden Hass gegen die Deutschen am liebsten die ganze Sowjetunion in einen Scheiterhaufen verwandeln. Es ist ihm ganz gleich, ob er damit auch das Volk ausrottet. Der schnelle Vormarsch der deutschen Wehrmacht hat bewiesen, dass die Methoden Stalins unwirksam sind gegen die Schlagkraft der deutschen Armee. Sorgt dafür, dass eure Mütter, Frauen und Kinder den deutschen Soldaten nicht wie Bettler begegnen, die obdachlos um eine Stück Brot betteln müssen. Schützt euer Gut vor der Vernichtung. Merkt euch die Namen derjenigen, die die Vernichtung durchführen! Wenn die Abrechnung kommt, werden diese Namen von Nutzen sein!

А вы знаете
кто это?

ЭТО ЯКОВ ДЖУГАШВИЛИ, СТАРШИЙ СЫН СТАЛИНА, командир батареи 14-го гаубичного артил. полка, 14-ой бронетанковой дивизии, который 16-го июля сдался в плен под Витебском вместе с тысячами других командиров и бойцов.

По приказу Сталина учат вас Тимошенко и ваши политкомы, что большевики в плен не сдаются. Однако Красноармейцы все время переходят к немцам. Чтобы запугать вас комиссары вам лгут, что немцы плохо обращаются с пленными.

Собственный сын Сталина своим примером доказал, что это ложь. Он сдался в плен

потому что всякое сопротивление Германской Армии отныне бесполезно!

Следуйте примеру сына Сталина — он жив, здоров и чувствует себя прекрасно. Зачем вам приносить бесполезные жертвы, итти на верную смерть, когда даже сын вашего верховного заправилы уже сдался в плен.

Переходите и вы!

Пропуск действителен для неограниченного количества переходящих на сторону германских войск командиров и бойцов РККА

Пропуск

Пред'явитель сего, не желая бессмысленного кровопролития за интересы жидов и комиссаров, оставляет побежденную Красную Армию и переходит на сторону Германских Вооруженых Сил. Немецкие офицеры и солдаты окажут перешедшему хороший прием, накормят его и устроют на работу.

(Перевод на немецкий язык смотри ниже)

Passierschein

Vorzeiger dieses wünscht kein sinnloses Blutbad im Interesse der Juden und Kommissare. Er verläßt die geschlagene Rote Armee und geht auf die Seite der deutschen Wehrmacht über. Die deutschen Offiziere und Soldaten werden den Überläufer gut behandeln, ihn verpflegen und für Beschäftigung sorgen.

Der Passierschein gilt für eine unbeschränkte Anzahl von Offizieren und Soldaten der Roten Armee, die zur deutschen Wehrmacht übergehen.

Und ihr wisst, wer das ist?

Das ist Jakov Dschugaschwili, der älteste Sohn Stalins, Kommandant der Batterien des 14. Haubitzenartillerieregiments, der 14. Panzerdivision, der am 16. Juli bei Witebsk mit Tausenden anderer Kommandanten und Soldaten in Gefangenschaft geriet.
Nach dem Befehl Stalins lehren euch Timoschenko und eure Politkommissare, dass Bolschewiken nicht in Gefangenschaft geraten. Trotzdem laufen die ganze Zeit Rotarmisten zu den Deutschen über. Um euch abzuschrecken lügen die Kommissare, dass die Deutschen die Gefangenen schlecht behandeln.
Der eigene Sohn Stalins bewies mit seinem Beispiel, dass das eine Lüge ist. Er fiel in Gefangenschaft.
Deshalb ist jeder Widerstand gegen die Deutsche Armee von jetzt an zwecklos!
Folgt dem Beispiel von Stalins Sohn – er lebt, ist gesund und fühlt sich hervorragend. Warum sollt ihr nutzlose Opfer bringen, dem sicheren Tod entgegengehen, wenn sogar der Sohn Eures obersten Führers schon in Gefangenschaft gefallen ist.
Kommt auch ihr!

Passierschein

КИТ И ЖИД

Огромный кит, купаясь в океане,
Случайно проглотил тонувшего жида.
За жизнь свою он проглотил не мало всякой дряни.
Но всех переварил без боли и следа.
Но вот, представьте, кроме шуток,
Владыка моря занемог –
Переварить жида в желудке
При всем желании не смог.
Собрав все силы, понатужась,
Он отрыгнул назад жида
Но отвращение и ужас
К жидам остались навсегда
Того, что сделал мудрый кит
Россия сделать не решилась
И мира оттого лишилась,
Что в ней сидит пархатый жид.

Пропуск действителен для неограниченного количества переходящих на сторону германских войск командиров и бойцов РККА.

ПРОПУСК

Пред'явитель сего, не желая бессмысленного кровопролития за интересы жидов и комиссаров, оставляет побежденную Красную Армию и переходит на сторону Германских Вооруженных Сил. Немецкие офицеры и солдаты окажут перешедшему хороший прием, накормят его и устроят на работу.

(Перевод на немецкый язык смотри рядом)

Passierschein

Vorzeiger dieses wünscht kein sinnloses Blutbad im Interesse der Juden und Kommissare. Er verläßt die geschlagene Rote Armee und geht auf die Seite der deutschen Wehrmacht über. Die deutschen Offiziere und Soldaten werden den Überläufer gut behandeln, ihn verpflegen und für Beschäftigung sorgen

Der Passierschein gilt für eine unbeschränkte Anzahl von Offizieren und Soldaten der Roten Armee, die [illegible] deutschen Wehrmacht übergehen

Der Wahlfisch und der Jude

Ein riesiger Wahlfisch, der im Meer badete, verschluckte zufällig einen Juden. In seinem Leben hat er schon allerlei Plunder geschluckt. Aber ohne Schmerz und ohne Folgen hat er alles verdaut. Nun, stellt euch vor, ohne Spaß, der Herrscher des Meeres erkrankte – den Juden in seinem Magen zu verdauen konnte er bei bestem Willen nicht. Er nahm alle Kraft zusammen strengte sich an und rülpste den Juden heraus. Aber Abneigung und Grauen vor den Juden blieben für immer.

Passierschein

СТАТЬ
ХОЗЯИНОМ
ИЛИ
КАЛЕКОЙ?
ЧТО ЛУЧШЕ?
ВЫБИРАЙ!

ГРАЖДАНЕ СОВЕТСКОГО СОЮЗА

БОЙЦЫ и КОМАНДИРЫ РККА!

Германская армия борется за новый порядок вместо старого строя, коммунистической разрухи и произвола, за хлеб вместо голода и нищеты.

Возвращение помещиков-капиталистов не будет допущено. Хотя война еще продолжается

немцы уже проводят следующие мероприятия:

Находившиеся до настоящего времени в личном пользовании колхозников

крестьянские дворы и приусадебные участки передаются в

полную собственность крестьянам

и не будут облагаться налогами и поборами

При условии хорошей уборки урожая и успешном проведении осеннего сева

крестьянские участки будут увеличены вдвое.

Этим крестьянам дается возможность соответственно

увеличить количество скота.

За поставляемые с бывших колхозных полей и с единоличных участков селхозпродукты

немецкие власти будут выплачивать твердые и справедливые цены, значительно превышающие цены госзаготовок.

Кроме того немцы восстанавливают

свободу религии.

Тот, кто будет продолжать войну, борется за собственное рабство!

Прекращая бессмысленное сопротивление вы помогаете реорганизации сельского хозяйства, улучению условий работы и всей вашей жизни

149 R

Herr werden oder Krüppel?
Was ist besser? Wähle aus!

Bürger der Sowjetunion, Soldaten und Kommandanten der RKKA!

Die deutsche Armee kämpft für eine neue Ordnung anstelle des alten, verrotteten, kommunistischen Systems, für Brot statt Hunger und Elend.
Die Rückkehr der Gutsbesitzer und Kapitalisten wird nicht zugelassen.
Obwohl noch der Krieg im Gange ist, setzen die Deutschen schon folgende Maßnahmen um:
Bauernhöfe, die bis jetzt persönlich von Kolchosmitgliedern benützt wurden, und zu den Gehöften gehörende Grundstücke werden den Bauern in volles Eigentum übergeben und werden keinen Steuern und Abgaben unterworfen.
Unter der Voraussetzung des Einbringens einer guten Ernte und einer erfolgreichen Aussaat im Herbst werden die Grundstücke der Bauern in ihrer Größe verdoppelt.
Diese Bauern erhalten die Möglichkeit die Menge des Viehs entsprechend zu vergrößern.
Für die betreffenden landwirtschaftlichen Produkte ehemaliger Kolchosfelder und Felder im Einzelbesitz werden die deutschen Behörden harte und gerechte Preise zahlen, erheblich höher als die Preise der staatlichen Erzeuger.
Außerdem werden die Deutschen die Freiheit der Religion wieder herstellen.

Derjenige, welcher den Krieg fortsetzt, kämpft für die eigene Sklaverei!
Indem ihr den sinnlosen Widerstand aufgebt helft ihr der Reorganisation der Wirtschaft, der Verbesserung der Bedingungen der Arbeit und des ganzen Lebens.

КРАСНОАРМЕЕЦ - ВЫБИРАЙ
СМЕРТЬ ИЛИ ЖИЗНЬ

Бойцы! Командиры!

Сталин и его приспешники, в интересах интернационального капитала и евреев, гонят вас на верную смерть. Гонят в то время, как в освобожденных от большевиков областях строится новая жизнь без каторжных колхозов, без капиталистов, без помещиков, без потогонной стахановщины и социалистических соревнований!

Решайтесь:

Хотите вы умереть или жить?

У нас вы будете жить!

С пленными мы обращаемся хорошо. С перешедшими добровольно на нашу сторону, по новому приказу Гитлера, — обращение еще лучше: они получают особое удостоверение, обеспечивающее им лучшее питание и ряд других льгот. Желающих работать, мы устраиваем на работу по специальности.

Dieser Passierschein gilt für Offiziere und Mannschaften der Sowjetarmee.

ПРОПУСК

Этот пропуск действителен для неограниченного числа бойцов и командиров Красной Армии. Германское командование не публикует списков военнопленных. Их имена об'являются только по их личному желанию и только в том случае, если их родственники находятся на освобожденной от большевиков территории.

Этот пропуск действителен до конца войны.

Переходить на сторону Германских войск можно и без пропуска: Достаточно крикнуть *«штыки в землю!»*

365 RA/vp

Rotarmist – wähle
Den Tod oder das Leben

Soldaten! Kommandanten!

Stalin und seine Helfershelfer, im Interesse des internationalen Kapitals und der Juden treiben euch in den sicheren Tod. Sie jagen euch zu der Zeit, in der in den von den Bolschewiken befreiten Gebieten ein neues Leben entsteht ohne Zwangskolchosen, ohne Kapitalisten, ohne Gutsbesitzer, ohne ausbeuterisches Stachanowsystem und sozialistischen Wettbewerb!
Entscheidet euch!
Wollt ihr sterben oder leben?
Bei uns werdet ihr leben!

Gefangene behandeln wir gut. Mit Personen, die freiwillig auf unsere Seite gewechselt sind, nach neuem Befehl Hitlers wird noch besser umgegangen: Sie erhalten ein persönliches Dokument, das ihnen bessere Verpflegung und eine Reihe anderer Privilegien sicher stellt. Denjenigen, die arbeiten wollen, besorgen wir entsprechend ihrer Ausbildung Arbeit.

Passierschein

Бойцы
и командиры
Красной армии!

ПОМНИТЕ ЛИ ВЫ ЕЩЕ О ПРОШЛОГОДНИХ ТЯЖЕЛЫХ БОЯХ?

НОВОЕ ГЕРМАНСКОЕ НАСТУПЛЕНИЕ БУДЕТ ЕЩЕ ТВЕРЖЕ И УПОРНЕЕ.

БУДЬТЕ УМНЫМИ, СПАСАЙТЕ ВАШУ ЖИЗНЬ, ПЕРЕХОДИТЕ К НАМ. ДУМАЙТЕ О ДЕТЯХ И ЖЕНАХ И О ВАШЕЙ ДАЛЬНЕЙШЕЙ СУДЬБЕ!

№ 113

Ко всем служашим в Красной Армии!

Прочтите еще раз основные пункты подробно мотивированного приказа № 13 Германского Верховного Командования!

Все офицеры политработники и солдаты, добровольно к нам перешедшие, встретят самое предупредительное к себе отношение.

Мы вам гарантируем:

Отдельное и вполне приспособленное для жилья помещение.

Неприкосновенность личного имущества (денег, ценных вещей, одежды, положения по службе и чинов).

Немедленное и постоянное обильное снабжение продовольствием с войсковых складов.

Врачебную помощь.

Немедленную эвакуацию из зоны действий неприятеля.

Выдачу особого личного пропуска.

Вы будете у нас встречены, как товарищи.

Мы держим данное нами слово.

Soldaten und Kommandanten der Roten Armee!
Erinnert ihr euch noch an die vorjährigen schweren Kämpfe?
Die neue deutsche Offensive wird noch härter und zäher.
Seid vernünftig, rettet euer Leben, kommt zu uns.
Denkt an eure Kinder und Frauen und an euer weiteres Schicksal.

Allen, die in der Roten Armee dienen!

Lest noch einmal die neuen Punkte des Befehls Nr. 13 des Deutschen Oberkommandos genau durch!
Alle Offiziere, Politarbeiter und Soldaten, die zu uns übergelaufen sind, werden äußerst zuvorkommend behandelt.
Wir garantieren euch:
Einzelne und vollständig angemessene Unterbringung
Unantastbarkeit des persönlichen Eigentums (Geld, Wertsachen, Bekleidung, Dienststellung, Rang)
Unverzügliche und beständige ausreichende Versorgung mit Lebensmitteln aus den Beständen der Truppe.
Ärztliche Hilfe
Sofortige Evakuierung aus der Zone der Feindaktivitäten
Ausgabe eines persönlichen Passierscheines
Ihr werdet bei uns wie Genossen empfangen
Wir halten unser gegebenes Wort.

„Победа за нами"
— Куда Вы, Соломон Абрамович?
—В Америку, в Китай!!
— А говорят победа за нами!
— Да в том то и дело что победа
идет вслед за нами на немецких танках

PASSIERSCHEIN!

(Gültig für einen oder mehrere Rotarmisten und Kommandeure)
Vorzeiger dieses Scheines will nicht sinnlos Blut vergiessen, sondern tritt auf die Seite der deutschen Armee über.
Verpflegung und gute Behandlung wird ihm zugesichert.

ПРОПУСК

(Действителен для 1 и больше бойцов и командиров).
Пред'явитель сего не хочет бессмысленного кровопролития и переходит на сторону немецкой армии.
Обеспечивается хорошее обращение и питание.

»Der Sieg ist hinter uns«

- Wohin gehen Sie, Solomon Abramowitsch?
- Nach Amerika, nach China.
- Es heißt, der Sieg ist hinter uns!
- Ja das ist es, der Sieg geht hinter uns auf den deutschen Panzern.

Passierschein

БЫЛЬ.

Двадцати двухлетний красноармеец из Гуляй Поле, недавно призванный на службу в 176-ой гвардейский стрелковый полк, нечаянно как-то поранил два пальца при прыжке в окоп. Все товарищи отлично знали, что это был несчастный случай. И всетаки его приговорили к смертной казни. Судили его у соломенной скирды вблизи села Балки. Сразу же вырыли яму и на глазах 400 солдат 196-го запасного стрелкового полка, один автоматчик пустил ему пулю в затылок.

Командир 13-ой мот. бригады, полковник Афанасьев, имел в своей части много санинструкторов, молодых девушек. Вечером, выпивши как следует, он заставлял их по очереди являться к себе. Бойцы, усмехались говорили: „Вот идут опять на исповедь".

БОЙЦЫ, ни в чем неповинного вашего товарища расстреляли как собаку.

Уж таков удел всякого чернорубашника.

А полковнику Афанасьеву, в тылу весело проводящему дни своей жизни, никто и возражать не смеет.

Вот вам благодарность оказанная **солдату** на передовой позиции.

А вот наш совет: Спасайте вашу жизнь, переходите к нам.

А 7

Wahre Geschichte

Ein 22-jähriger Rotarmist aus Guljaj Pole, unlängst zum Dienst im 176.en Gardeschützenregiment gerufen hat sich versehentlich zwei Finger bei einem Sprung in den Schützengraben verletzt. Alle Genossen wussten gut, dass das ein unglücklicher Zufall war. Trotzdem wurde über ihn das Todesurteil verhängt. Verurteilt wurde er bei einem Strohschober in der Nähe des Dorfes Balka. Sogleich wurde eine Grube gegraben und vor den Augen von 400 Soldaten der 196.-sten Reserveschützenkompanie schoss ihm ein Maschinengewehrschütze eine Kugel in das Genick.

Der Kommandant der 13. Motorisierten Brigade Oberst Afanas'jev hatte in seinem Bereich viele Saninstruktoren, junge Mädchen. Am Abend, nachdem er etwas getrunken hatte, ließ er sie nach der Reihe vor sich antreten. Die Soldaten lachten und sagten: »Jetzt gehen sie wieder zur Beichte«.

Soldaten, einen absolut unschuldigen Genossen erschossen sie wie einen Hund.

So ist das Schicksal jedes Schwarzhemden.

Und dem Oberst Afanas'jev, der im Hinterland fröhlich sein Leben genießt, darf niemand etwas vorwerfen.

Das ist die Dankbarkeit, die dem Soldaten an der vordersten Position erwiesen wurde.

Und nun unser Rat: Rettet euer Leben, kommt zu uns.

Жиды, как крысы,
поглощают
достояние
вашего народа!
Гоните жидов из страны, только так
вы быстро закончите эту бессмысленную войну!

Красноармеец!

Жиды самые подлые, самые опасные грызуны подтачивающие основы нашего мира. Ты борешься за них, в бесчисленном количестве жертвуешь добром, здоровьем, жизнью, для того чтобы они и дальше могли об'едаться в тылу и набивать себе карманы.

Только когда последний жид будет изгнан из твоего отечества настанет мир.

Бей жидовское отродье!

Уничтожай этот бич человечества и ты этим закончишь войну!

Только так ты сможешь добиться лучшего будущего для твоей страны и счастья в твоей жизни.

Эта листовка действительна, как пропуск

Dieses Flugblatt gilt als Passierschein

ASd 095

Juden fressen wie Ratten die Würde eures Volkes auf!
Jagt die Juden aus dem Land, so beendet ihr schnell diesen sinnlosen Krieg!

Rotarmist!

Die Juden sind die gemeinsten, gefährlichsten Nagetiere, die die Grundlagen unserer Welt aushöhlen. Du kämpfst für sie, in einer unfassbaren Menge opferst du Gut, Gesundheit, Leben damit sie weiter sich im Hinterland voll fressen und ihre Taschen stopfen. Nur wenn der letzte Jude aus deinem Vaterland vertrieben ist, dann gibt es Frieden.

Schlage die jüdische Ausgeburt!

Vernichte diese Geißel der Menschheit und du beendest den Krieg!
Nur so kannst du eine bessere Zukunft erreichen für dein Land und Glück in deinem Leben!
Dieses Flugblatt gilt als Passierschein.

Политбеседа
Хаима Шмулевича
со своими „Шмулевичами“

Вопрос одного из слушателей:

„Почему у нас в СССР открыли церкви?“

Ответ Шмулевича:

„Вы— свои ребята, и я вам это объясню откровенно, церкви открыты только потому, что это нам выгодно для ведения войны. Церкви нам дадут деньги. В русском народе есть еще религиозные чувства. Русский народ Сталину ничего не хочет давать, а церквам дает. Поэтому Сталин и открывает церкви, которые он до сих пор преследовал. Ему нужны деньги. И затем еще вот что: русский народ за Сталина воевать не хочет, а через церковь можно постараться убедить, что воевать надо. Поэтому..."

Красноармеец!

Замечаешь ли ты что-либо?

АМ 3-I-44

Politgespräch von Chaim Schumelewitsch mit seinen »Schumelewitschern«

Frage eines der Hörer:
»Warum hat man bei uns in der SSSR die Kirchen geöffnet?«

Die Antwort Schumelewitschs:
»Ihr – meine Kinder – ich erkläre euch offen, die Kirchen wurden nur deshalb geöffnet, weil dies für unsere Kriegsführung günstig ist. Die Kirchen geben uns Geld. Im russischen Volk gibt es noch religiöse Gefühle. Das russische Volk will Stalin nichts geben aber den Kirchen gibt es. Deshalb öffnet Stalin die Kirchen, die er bis dahin verfolgt hat. Er braucht Geld. Und da ist noch etwas: Das russische Volk will für Stalin nicht kämpfen, aber über die Kirche ist es möglich es zu überzeugen, dass der Kampf notwendig ist. Deshalb ...

Rotarmist! Bemerkst du etwas?

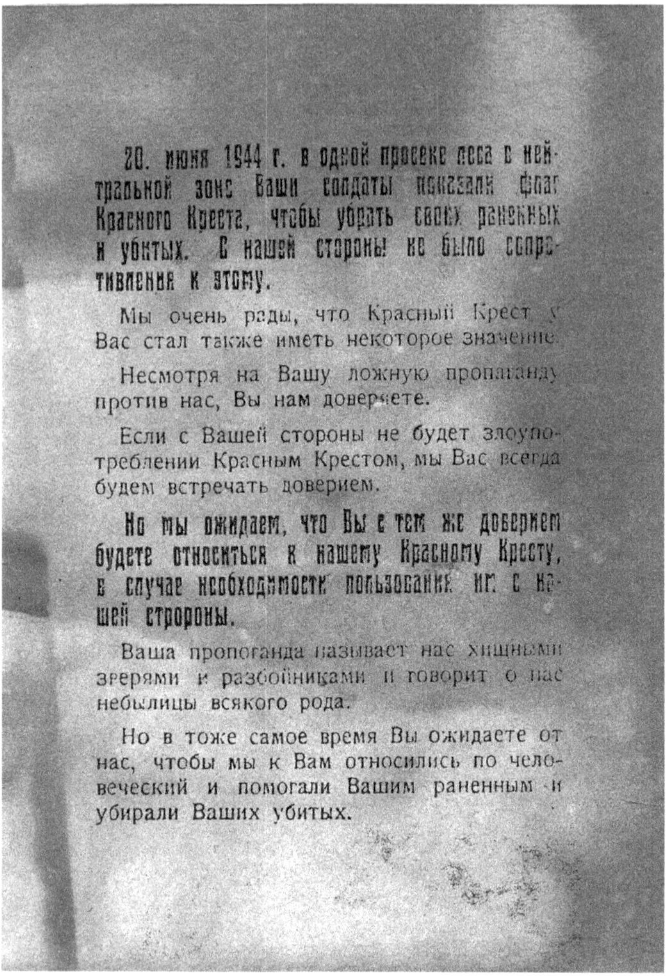

20. июня 1944 г. в одной просеке леса в нейтральной зоне Ваши солдаты показали флаг Красного Креста, чтобы убрать своих раненых и убитых. С нашей стороны не было сопротивления к этому.

Мы очень рады, что Красный Крест у Вас стал также иметь некоторое значение.

Несмотря на Вашу ложную пропаганду против нас, Вы нам доверяете.

Если с Вашей стороны не будет злоупотреблении Красным Крестом, мы Вас всегда будем встречать доверием.

Но мы ожидаем, что Вы с тем же доверием будете относиться к нашему Красному Кресту, в случае необходимости пользования им с нашей стороны.

Ваша пропоганда называет нас хищными зверями и разбойниками и говорит о нас небылицы всякого рода.

Но в тоже самое время Вы ожидаете от нас, чтобы мы к Вам относились по человеческий и помогали Вашим раненным и убирали Ваших убитых.

Мы это делаем, — с нашей стороны Вы это можете ожидать. Наша человечность указывает ложь Вашей пропаганды

Подумаете немного, вспомните, как мы относимся к перебежчикам и пленным.

То, что Вы читаете в приказах № 13 и № 513 Германского Верховного Командования — это все правда! Эти приказы д ют Вам права на жизнь — на хорошое питание и убежище, и на возвращение на родину по окончании войны.

То, что Ваша пропаганда говорит об отношениях немцев к перебежчикам и пленным — это все ложь!

Тот, кто к нам переходит, сам убеждается что мы не воюем против России, — мы воюем против большевиков.

Переходите к нам, Вы увидите правду!

Эта листовка служит пропуском.

Dieses Flugblatt gilt als Passierschein.

NA 16

20. Juni 1944. In einer Waldschneise in der neutralen Zone zeigten eure Soldaten die Fahne des Roten Kreuzes um eure Verletzten und Toten zu bergen. Von unserer Seite gab es diesbezüglich keinen Widerstand.

Wir sind sehr erfreut, dass das Rote Kreuz bei euch auch eine gewisse Bedeutung erlangt hat.

Ungeachtet eurer Lügenpropaganda uns gegenüber vertraut ihr uns.

Wenn von eurer Seite das Rote Kreuz nicht missbraucht wird, werden wir euch immer mit Vertrauen entgegentreten.

Wir erwarten, dass ihr mit dem selben Vertrauen unserem Roten Kreuz gegenüber verhaltet im Falle dass wir es brauchen werden.

Eure Propaganda nennt uns Raubtiere und Räuber und erzählt von uns alle möglichen Lügengeschichten.

Aber zur selben Zeit erwartet ihr von uns, dass wir uns euch gegenüber menschlich verhalten und euren Verletzten helfen und eure Toten bergen.

Wir tun das, – von – unserer Seite könnt ihr das erwarten. Unsere Menschlichkeit zeigt die Lüge eurer Propaganda.

Denkt ein wenig nach, erinnert euch, wie wir uns gegenüber den Überläufern und den Gefangenen verhalten.

Das, was ihr in den Befehlen Nr. 13 und Nr. 513 des Deutschen Oberkommandos lest, alles das ist wahr! Diese Befehle geben euch Recht auf Leben – auf gute Verpflegung und Unterkunft, auch auf Rückkehr in die Heimat nach Kriegsende.

Das, was eure Propaganda vom Verhalten der Deutschen gegenüber den Überläufern und Gefangenen sagt – das alles ist Lüge!

Derjenige, der zu uns kommt, kann sich überzeugen, dass wir nicht gegen Russland kämpfen – wir kämpfen gegen die Bolschewiken.

Kommt zu uns, ihr werdet die Wahrheit sehen!

Dieses Flugblatt gilt als Passierschein.
NA 16

Под жидовским знаменем..

Ко всем служащим в Красной Армии!

Прочтите еще раз основные пункты подробно мотивированного приказа № 13 Германского Верховного Командования!

Все офицеры, политработники и солдаты, добровольно к нам перешедшие встретят самое предупредительное к себе отношение.

Мы вам гарантируем:

Отдельное и вполне приспособленное для жилья помещение.

Неприкосновенность личного имущества (денег, ценных вещей, одежды, положения по службе и чинов).

Немедленное и постоянное обильное снабжение продовольствием с войсковых складов.

Врачебную помощь.

Немедленную эвакуацию из зоны действий неприятеля.

Выдачу особого личного пропуска.

Вы будете у нас встречены, как товарищи.

Мы держим данное нами слово.

Пропуск — Passierschein

Пропуск действителен для неограниченного числа командиров, бойцов и политработников РККА, переходящих на сторону Германских Вооруженных Сил, их союзников,

Русской Освободительной Армии и украинских, кавказских, казачьих, туркестанских и татарских освободительных отрядов

Dieser Passierschein gilt für Offiziere, Politarbeiter und Mannschaften der Sowjetarmee

Переходить можно и без пропуска: достаточно поднять обе руки и крикнуть „Сталин капут“ или „ШТЫКИ В ЗЕМЛЮ“ 154.

An alle, die in der Roten Armee dienen!

Lest noch einmal die Hauptpunkte des genau motivierten Befehls Nr.13 des Deutschen Oberkommandos!
Alle Offiziere, Politarbeiter und Soldaten, die freiwillig zu uns übergewechselt sind, werden auf das zuvorkommendste behandelt.

Wir garantieren:
Einzelne und vollständig angemessene Unterbringung
Unantastbarkeit des persönlichen Eigentums (Geld, Wertsachen, Bekleidung, Dienststellung, Rang)
Unverzügliche und beständige ausreichende Versorgung mit Lebensmitteln aus den Beständen der Truppe.
Ärztliche Hilfe
Sofortige Evakuierung aus der Zone der Feindaktivitäten
Ausgabe eines persönlichen Passierscheines
Ihr werdet bei uns wie Genossen empfangen
Wir halten unser gegebenes Wort.

Passierschein
Der Passierschein gilt für eine unbegrenzte Zahl von Kommandanten, Soldaten und Politarbeitern der Sowjetarmee, die auf die Seite der Deutschen Wehrmacht, ihrer Verbündeten, der Russischen Befreiungsarmee und der ukrainischen, kaukasischen, ko-

sakischen-, turkestanischen und tatarischen Befreiungstruppen übergehen.

Überlaufen kann man auch ohne Passierschein: Es genügt beide Hände zu heben und zu rufen: »Stalin kaputt« (auf Deutsch) oder »Bajonette nieder« (auf Russisch)

Разве это бывает!
Нет!
жид никогда сам
не работает!

Физический труд только изнуряет и мало что приносит. Поэтому картина работающего жида встречается лишь в юмористических журналах да в сказсках!

Работай и сражайся и дальше за жида, чтобы он в тылу мог спокойно продолжать загонять товары и набивать себе карманы.

Эта листовка действительна, как пропуск
Dieses Flugblatt gilt als Passierschein.

ASd 092.

Kann denn das sein!
Nein!
Der Jude arbeitet niemals selbst!

Physische Arbeit erschöpft und bringt wenig ein. Deshalb kommt das Bild des arbeitenden Juden nur in humoristischen Zeitschriften und in Märchen vor.
Arbeite und kämpfe weiter für den Juden, damit er weiter im Hinterland ruhig Güter anhäufen und sich seine Taschen vollstopfen kann.

"Насколько люди выше животных,
настолько евреи выше всех остальных людей"
(из еврейской книги законов "Талмуд")
В Советском Союзе все партийные и руководящие посты занимают жиды. Лишь в президиумах да на трибунах можно их увидеть. Задумайтесь, - когда последний раз Вы видели еврея-кузнеца? Так обстоит порядок в тылу. Если же они не сумели отвертеться от мобилизации, то и там жиды находят привилегированное положение. Это полковые комиссары, замполиты или хотя бы писари.

Еврей говорит на языке той нации, внутри которой он обитает из поколения в поколение, но он всегда говорит на нем как чужестранец. И наше европейское искусство и наша цивилизация остаются для еврея иностранными. В нашем языке, в нашем искусстве еврей способен лишь договаривать, дополнять — ему не по силам искренне создать произведение из собственных слов, творение собственной деятельности. Первая среди характерных особенностей семитского произношения — то, что коробит наш слух как нечто совершенно чуждое и неприятное — еврейская манера издавать звуки напоминающие скрип, писк или гнусавое сопение... Подобная манера говорить сразу же вызывает ощущение невыносимо беспорядочной болтовни. Холодное безразличие подобного специфического рыдания никогда не поднимается до вершин истинно искренней страстности.

»So wie die Menschen höher als die Tiere sind, so sehr sind die Juden höher als alle übrigen Menschen« (aus dem jüdischen Talmud)

In der Sowjetunion nehmen alle Partei- und führenden Posten Juden ein. Nur in den Präsidien und auf Tribünen kann man sie sehen. Überlegt einmal, wann habt ihr das letzte Mal einen jüdischen Schmied gesehen? So sieht es mit der Ordnung im Hinterland aus. Wenn sie es nicht schafften, sich vor der Mobilisierung zu drücken, so finden die Juden da und dort einen attraktiven Platz. Das sind Regimentskommissare, [unleserliches Wort] oder Schreiber.

Der Jude spricht in der Sprache der Nation, in der er von Generation zu Generation lebt, aber er spricht sie immer wie ein Ausländer. Auch unsere europäische Kunst und unsere Zivilisation bleiben dem Juden fremd. In unserer Sprache in unserer Kunst ist der Jude nur fähig sich zu verständigen, zu ergänzen – er hat nicht die Kraft aufrichtig Werke aus eigenen Wörtern zu schaffen, Schöpfungen eigener Tätigkeit. Die erste unter den Charaktereigenschaften semitischer Aussprache – das, was unser Gehör unangenehm als etwas völlig Fremdes und Unangenehmes abstößt – ist die jüdische Art Laute hervorzubringen, die an ein Knarren, Quäken oder näselndes Schnauben erinnert ... Ähnlich ist die Art zu sprechen, die sofort das Gefühl eines unerträglich ungeordneten Geschwätzes hervorruft. Kalte Gleichgültigkeit eines ähnlichen spezifischen Schluchzens erhebt sich niemals in die Höhen einer wahrhaft aufrichtigen Leidenschaftlichkeit.

1917

Почему они кричат? И чего они хотят?

«Убей немца! Его нельзя оставить живым. Убей немца, чтобы спасти тысячи невинных. Убей, пока у него автомат. Убей!»

Так пишет Эренбург.

Чего кипятится этот жид? Он визжит, брызжа слюной от ярости, призывая нас убивать врагов **ЕГО** народа.

Да! Немцы безжалостно истребляли жидов.

Туда им и дорога!

Вот почему так яростно лает эта жидовская собака — Эренбург.

Товарищи! Видели ли вы когда-нибудь, сами, эти «немецкие зверства» по отношению к русскому народу, о которых денно и нощно твердит советская пропаганда, все эти Эренбурги? Нет, вы их никогда не видели, и видеть не могли, потому что это сплошной вымысел.

А вот еврейские зверства мы пережили сами на своей спине.

Коллективизация, во время которой погибли десятки миллионов русских крестьян, замученые и расстреляные в застенках НКВД, сталинские тюрьмы и концлагери, опутавшие колючей проволокой всю нашу Родину, ведь это не вымысел, не пропаганда, а страшная действительность.

Это дело жидовских рук!

Сталин открыл церкви, но он никогда не распустит колхозы.

Сталин ввел ордена Суворова и Кутузова, но он никогда не отменит кабальные «указы» и «законы», превращающие рабочего в раба.

Сталин, не задумываясь посылает на фронт русских стариков, детей и женщин, но он никогда не пошлет на смерть, ни одного наглого, от'евшегося в тылу еврея.

Сталин заставит русский народ переносить любые жертвы, любые муки, но он никогда не ущемит интересов советского еврейского кагала.

Подумай сам, почему это так?

Не потому ли, что Сталин еврейский ставленик? Не потому ли, что большевизм, это хитро замаскированная еврейская лавочка?

Кровью и потом русского народа живут еврейские паразиты!

Евреи преследуют сейчас, посылая нас русских на убой, еще одну, скрытую цель:

«Убей немца!!!!», — вопит Эренбург.

«И сдохни, за одно сам!», — думает он в душе.

Евреи знают, что русский народ озлоблен против них.

Поймите: они смертельно боятся нас!

Поэтому им выгодно, чтобы к концу войны русских осталось как можно меньше, особенно мужчин.

С ужасом думают они о том моменте, когда, наконец, война кончится, когда миллионы вооруженных русских, перестанут «убивать немцев» и повернут назад, домой.

Не начнут ли, они тогда, чего доброго, **БИТЬ ЖИДОВ, сметя все НКВД!?**

Поэтому им надо, чтобы Красная армия была обескровлена и измотана до предела. В этом их интересы полностью совпадают с интересами англо-американских капиталистов, которые, кстати, в своем большинстве, тоже иудейского происхождения.

Товарищ! ЖИД ХОЧЕТ ТВОЕЙ ГИБЕЛИ!

«Убей немца!», — кричит он.

ИДИ СЮДА, К НАМ! — говорим тебе мы.

СОХРАНИ СВОЮ ЖИЗНЬ. ОНА ЕЩЕ ПРИГОДИТСЯ ТЕБЕ И ТВОЕМУ НАРОДУ.

Сохрани свою жизнь для того, чтобы вернуться домой и взять за шиворот жидовское отродье!

На этой стороне находятся миллионы твоих братьев, которые собираются после войны вернуться к себе на Родину, но не собираются снова попасть под сталинскую кабалу.

Многие из них вооружились, в виду предстоящей борьбы.

ИДИ СЮДА! ТВОЕ МЕСТО С НАМИ!

ВЛАСОВЦЫ.

885/III. 44

Warum schreien sie: [Rest der Zeile unleserlich]

»Töte den Deutschen! Er darf nicht unter den Lebenden bleiben. Töte den Deutschen, um Tausende Unschuldiger zu retten. Töte, solange er ein Maschinengewehr hat. Töte!«
So schreibt Ehrenburg.
Worüber ereifert sich dieser Jude? Er kreischt, speichelt vor Zorn indem er aufruft uns als Feinde seines Volkes zu töten.
Ja! Die Deutschen haben die Juden erbarmungslos vernichtet.

Dorthin führt auch ihr Weg!
Also warum bellt dieser jüdische Hund – Ehrenburg – so gemein?
Genossen! Habt ihr irgendwann selbst diese »deutschen Gräueltaten« in Bezug zum russischen Volk gesehen, die Tag und Nacht von der sowjetischen Propaganda und von diesen Ehrenburgs behauptet werden? Nein, ihr habt das niemals gesehen und konntet es auch nicht sehen, weil dies eine vollständige Erfindung ist.
Und jetzt die jüdischen Gräueltaten, die wir selbst am eigenen Leib erleben mussten.
Die Kollektivierung, der Dutzende Millionen russischer Bauern zum Opfer fielen, gefoltert und erschossen in den Folterkammern des NKVD, Stalins Gefängnisse und Konzentrationslager, die mit Stacheldraht unser Vaterland einschnüren, das ist doch kein Hirngespinst, keine Propaganda, sondern furchtbare Wirklichkeit.

Das ist das Werk jüdischer Hände!

Stalin hat Kirchen geöffnet, aber er wird niemals Kolchosen auflösen.
Stalin führte den Suvorov- und Kutuzov-Orden ein, aber er wird nicht die versklavenden »Verordnungen« und »Gesetze« aufheben, die den Arbeiter zum Sklaven machen.
Stalin schickt ohne Bedenken russische Greise, Kinder und Frauen an die Front und nicht einen einzigen unverschämten Juden, der sich im Hinterland vollgefressenen hat.
Stalin zwingt das russische Volk beliebige Opfer, beliebige Qualen über sich ergehen zu lassen, aber niemals beschneidet er die Interessen der sowjetischen jüdischen Gemeinde

Denke nach, warum das so ist!
Weil Stalin nicht ein jüdischer Schützling ist? Weil der Bolschewismus ein maskierter jüdischer Kramladen ist?
Vom Blut und Schweiß des russischen Volkes leben die jüdischen Parasiten!
Die Juden verfolgen jetzt, indem sie uns Russen in die Schlacht schicken noch ein verstecktes Ziel:
»Töte den Deutschen«, – schreit Ehrenburg.
»Verrecke, gleichzeitig selbst!« – denkt er sich. Die Juden wissen, dass das russische Volk sie hasst.
Begreift: Sie fürchten sich vor uns zu Tode!
Deshalb ist es für sie von Vorteil, dass zu Kriegsende möglichst wenige Russen übrigbleiben, vor allem Männer.
Mit Entsetzen denken sie an diesen Augenblick, wann endlich der Krieg zu Ende geht, der Krieg endet, wenn Millionen bewaffneter Russen aufhören »Deutsche zu töten« und nach Hause zurückkehren.

Werden sie nicht dann etwas Gutes beginnen, die JUDEN ZU TÖTEN, den ganzen NKWD hinweg zu fegen?
Deshalb ist es für sie notwendig, dass die Rote Armee ausblutet und völlig aufgerieben wird. Darin fallen ihre Interessen völlig mit den Interessen der anglo-amerikanischen Kapitalisten zusammen, die in der Tat, in ihrer Mehrheit auch jüdischer Herkunft sind.
Genossen! DER JUDE WILL DEINEN UNTERGANG!
»Töte den Deutschen! – brüllt er.
KOMM HIERHER, ZU UNS! – das sagen wir dir.
RETTE DEIN LEBEN, DU BRAUCHST ES UND EBENSO DEIN VOLK.
Rette dein Leben, damit du nach Hause zurückkehren kannst und die jüdische Ausgeburt am Kragen packen kannst.
Auf dieser Seite befinden sich Millionen deiner Brüder, die sich vorbereiten nach dem Krieg nach Hause in die Heimat zu gehen und nicht wieder unter die Stalinsche Kabbala zu geraten.
Viele von ihnen haben sich bewaffnet angesichts des bevorstehenden Kampfes.
KOMM HER! DEIN PLATZ IST BEI UNS!
Wlassov-Armee
885/III, 44

один
Билет 208125 Чт
Государственного
Банка Союза ССР
208125 Чт
ОДИН ЧЕРВОНЕЦ
1

Пропуск — Passierschein

Пропуск действителен для неограниченного числа командиров, бойцов и политработников РККА, переходящих на сторону Германских Вооруженных Сил, их союзников, Русской Освободительной Арии и украинских, кавказских, казачьих, туркестанских и татарских освободительных отрядов

Ш. В.З.

Dieser Passierschein gilt für Offiziere, Politarbeiter und Mannschaften der Sowjetarmee

Переходить можно и без пропуска: достаточно поднять обе руки и крикнуть „Сталин капут“ или „ШТЫКИ В ЗЕМЛЮ“ LA54.

1 Tscherwonez

Passierschein

Lothar Schröter, Der Ukrainekrieg
Die Wurzeln, die Akteure und die Rolle der NATO
348 Seiten, 16 x 23 cm, geb., ISBN 978-3-360-02815-0

Schlachtfeld Ukraine: Hintergründe und Analysen
Der neue kalte Krieg – Die Chronik des epochalen geostrategischen Konflikts

Die Welt befindet sich nach Überzeugung des Militärhistorikers Lothar Schröter in einem fundamentalen geostrategischen Umbruch, vergleichbar mit der Teilung der Welt nach 1917. Gegenwärtig haben wir es zu tun mit einem epochalen machtpolitischen Grundkonflikt: der Westen unter Führung der USA und mit der NATO als weltweit agierendem Militärblock gegen die Volksrepublik China, Russland und gegen den »globalen Süden«. Um seine Hegemonie zu behaupten, muss der Westen in weiterer Zukunft China bezwingen und Russland als Machtfaktor ausschalten, meint Schröter. In diesen globalen politischen Kontext stellt er den gegenwärtigen Krieg auf dem Territorium der Ukraine.

www.eulenspiegel.com

Das Neue Berlin -
eine Marke der Eulenspiegel Verlagsgruppe Buchverlage GmbH

ISBN 978-3-360-02763-4

2. Auflage 2025
© 2024 Eulenspiegel Verlagsgruppe Buchverlage GmbH, Berlin
Alle Rechte der Verbreitung vorbehalten.
Ohne ausdrückliche Genehmigung des Verlages ist es nicht gestattet, dieses Werk oder Teile daraus auf fotomechanischem Weg zu vervielfältigen oder in Datenbanken aufzunehmen.
Umschlaggestaltung: Verlag
Druck und Bindung: Printed in EU

www.eulenspiegel.com